기독교문서선교회(Christian Literature Center: 약칭 CLC)는 1941년 영국 콜체스터에서 켄 아담스에 의해 시작되었으며 국제 본부는 미국 필라델피아에 있습니다. 국제 CLC는 약 650여 명의 선교사들이 59개 나라에서 180개의 서점을 운영하며 이동 도서 차량 40대를 이용하여 문서 보급에 힘쓰고 있으며 이메일 주문을 통해 130여 국으로 책을 공급하고 있는 국제적 문서선교 기관입니다.

추천사

오 오 현 박사
호남신학대학교 명예교수(목회상담학)

김경수 박사가 귀한 『정서중심상담 전도』라는 책을 세상에 내놓게 되어 참으로 기쁘게 생각합니다. 이 책은 피전도자의 정서에 초점을 두면서 하나님의 사랑을 강조하는 전도방법을 제시합니다. 특히, 이 책은 기존의 전도 방식과는 다른 전도 방법을 제시한다는 면에서 다음과 같은 가치가 있습니다.

첫째, 피전도자와의 관계에서 핵심인 신뢰와 유대감을 위해 라포(rapport)형성의 중요성을 강조하며 어떻게 해야 라포를 형성하는지 그 방법을 자세히 설명합니다.
둘째, 피전도자의 문제가 어디에서부터 시작되었는지를 파악하기 위해 피전도자의 사고와 정서를 탐색하는 방법을 제시합니다.
셋째, 전도하는 과정에서 상담자가 어떻게 피전도자의 마음을 접촉하여 인식하고, 공감하며, 지지와 격려를 통해 하나님의 사랑을 경험할 수 있도록 돕습니다.

넷째, 피전도자가 자기 문제에 대한 깊은 통찰(insight)을 통해 자신이 왜 힘든 삶을 살고 있는지 알아차리게 합니다.

다섯째, 상담 전도자 내면의 깊은 통찰을 통해 피전도자가 자기의 비합리적인 생각과 정서적 고통에서 해방되어 치유의 삶을 살아가도록 돕는 방법을 제시합니다.

여섯째, 상담 전도자가 피전도자에게 하나님의 사랑을 깊이 경험하고 함께 나누며 피전도자의 주호소 문제를 어떻게 함께 해결해 가는지와 교회에 정착하는 방법을 제시합니다.

결론적으로 본 정서중심상담 전도 방식을 통해 전도에 대해 고민하는 한국 교회 성도들이 많은 전도의 열매를 맺길 바랍니다.

정서중심상담 전도

Emotion-Focused Counseling Evangelism
Written by Kim Kung Sou, Kim Hyun Jin, Cho Mi Jin
All rights reserved.
Korean Edition Copyright ⓒ 2025 by Christian Literature Center, Seoul, Korea

정서중심상담 전도

2025년 6월 10일 초판 발행

지 은 이 | 김경수·김현진·조미진

편　　집 | 추미현
디 자 인 | 서민정, 박성준, 강동연
펴 낸 곳 | (사)기독교문서선교회
등　　록 | 제16-25호(1980. 1. 18.)
주　　소 | 서울특별시 동대문구 천호대로71길 39
전　　화 | 02-586-8761~3(본사) 031-942-8761(영업부)
팩　　스 | 02-523-0131(본사) 031-942-8763(영업부)
이 메 일 | clckor@gmail.com
홈페이지 | www.clcbook.com
송금계좌 | 기업은행 073-000308-04-020 (사)기독교문서선교회
일련번호 | 2025-49

ISBN 978-89-341-2824-3(03230)

이 책의 출판권은 (사)기독교문서선교회가 소유합니다.
신저작권법에 의하여 한국 내에서 보호받는 저작물이므로 무단 전재와 무단 복제를 금합니다.

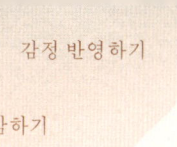

감정 반영하기

공감하기

인정해 주기

정서중심상담 전도

즐거워하는 자들과 함께 즐거워하고
우는 자들과 함께 울라(롬 12:15).

김경수 · 김현진 · 조미진 지음

무조건적 존중

공감적 이해

무조건적 수용

CLC

목차

추천사　오오현 박사 | 호남신학대학교 명예교수(목회상담학)　　1

들어가는 말　　7

제1장 상담 전도 오프닝　　10

제2장 정서중심상담 전도　　22

제3장 상담 초기　　45

제4장 상담 중기　　55

제5장 상담 말기　　109

제6장 정서중심상담 전도 진행 과정　　112

제7장 정서중심상담 전도 사례　　117

나가는 말　　139

참고 문헌　　141

추천 도서　　143

들어가는 말

필자는 어느 사모님으로부터 "남편을 잃고 슬퍼하는 부인을 어떻게 위로해 주어야 할지 몰라 매우 난감했다"라는 이야기를 들은 적이 있습니다.

전도자들이여!

만일 여러분이 사모님의 입장이라면 어떻게 위로해 주어야 슬퍼하는 부인에게 위로가 된다고 생각하나요?

"부활의 소망을 품으세요."

"하나님께서 부인과 함께하실 거예요. 힘내세요."

이렇게 위로해 드리면 좋을까요?

하지만, 필자라면 그보다는 말없이 조용히 부인의 손을 잡고 진심 어린 마음으로 함께 눈물을 흘리며 부인의 등을 가볍게 도닥거려 주는 것이 부인의 슬픔에 비할 수는 없지만, 보다 나은 위로가 될 것이라고 생각합니다. 이것을 감정 반영이라고 합니다.

감정 반영은 특히 슬픔에 빠져 있는 사람에게 가장 큰 위로가 되고 큰 힘이 됩니다. 그러나 대부분의 사람이 위로받아야 할 때 위로받지 못하고, 공감받아야 할 때 공감받지 못하고 수용 받아야 할 때 수용 받지 못하고 혼자서 인생의 고통을 힘겹게 견디며 사는 것 같습니다. 옆에 사람이 없어서가 아니라 진실로 공감해 주고, 수용해 주고, 지지해 주는 사람이 곁에 없기 때문입니다.

상담 전도자가 만나는 사람 가운데도 이와 같은 사람이 참 많습니다. 공감받지 못하고, 수용 받지 못하고, 지지받지 못해서 대중 속에서 혼자만의 삶을 사는 사람들이 참 많습니다.

전도자들이여!
이런 사람을 누가 돌보아 주어야 할까요?
바로 우리가 아닐까요?

따라서 상담 전도자는 이들의 마음을 수용해 주고, 공감해 주고 이들이 혼자서 인생의 수고로움과 마음의 무거운 짐 때문에 정서적 고통을 당하며 살지 않도록 도와야 합니다.

전도자 대부분은 전도가 어렵다고 합니다. 저는 이들의 말에 어느 정도 이해를 하지만, 전적으로 동의하지 않습니다. 전도를 어렵게 느껴지는 것은 피전도자의 마음을 온전히 이해하지 못하고 함께하지 않기 때문입니다. 일방적인 전도는 효과가 떨어집니다. 요즘 사람들은 교회에 대한 부정적인 생각이 많습니다. 교회가 도덕적, 윤리적, 신앙적 그리고 사회적으로 본을 보여 주지 못하기 때문입니다.

이제 전도는 일방적인 전도가 아니라 공감적 전도를 해야 합니다. 피전도자의 주호소 문제를 파악하여 그들 스스로가 자신의 문제를 해결해 나갈 수 있도록 돕는 전도를 해야 합니다. 삶을 함께 나누며 그들의 마음의 고통을 함께 짊어지는 전도를 해야 합니다. 더 이상 무작정 들이대는 전도는 의미가 없습니다.

따라서 전도도 전문성을 갖추지 않으면 안 됩니다. 어떻게 피전도자와 라포를 형성하는지 그리고 그들의 문제를 어떻게 파악해야 하는지 그들의 생각과 정서를 통찰하는 방법, 행동을 수정시켜 주는 방법, 공감과 감정 반영 방법, 수용, 격려와 지지 등의 상담 기술을 알아야 합니다.

본서에서는 이러한 기술을 예시로 들어 소개하였으며 정서중심상담 전도자들을 위해 마지막 제5장에서는 정서중심상담 전도 사례를 소개했습니다. 그러나 이 책은 단순히 정서중심상담 전도만을 위한 것이 아닙니다. 교회에서 성도를 상담할 때도 사용할 수 있도록 기록되었습니다.

상담에서 주로 사용하는 전문적인 용어가 사용되고 있기 때문에 전도자들에게 다소 어려울 수 있습니다. 그러나 몇 번 반복해서 읽어 보면 그리 어렵지만은 않습니다. 아무쪼록 이 책이 피전도자들에게 복음을 전하는데 한 줄기 빛이 되었으면 합니다.

제1장

상담 전도 오프닝

즐거워하는 자들과 함께 즐거워하고
우는 자들과 함께 울라(롬 12:15).

1. 정서중심상담 전도의 필요성

상담 전도를 하다 보면, 마음의 고통을 호소하는 사람들이 왜 그렇게도 많은지 참으로 안타깝지 않을 수 없습니다.

사람들이 고통을 느끼는 것은 부정적인 감정 때문입니다.

그러면 이러한 부정적인 감정은 왜 일어날까요?

그것은 매우 주관적인 부정적 사고의 영향 때문입니다. 대체로 사람들은 나쁜 일 혹은 나쁜 상황이 부정적인 감정을 일으킨다고 합니다. 그러나 반드시 그렇지만은 않습니다. 생각하기 나름입니다. 긍정적인 심리적 스키마가 형성된 사람은 나쁜 일 혹은 나쁜 상황이 일어나도 별 어려움 없이 대처합니다. 그러나 부정적인 심리적 스키마를 가진 사람은 다른 사람과 똑같은 상황을 겪으면서도 부정적인 감정을 경험합니다. 그리고 긍정적인 일보다도 부정적인 일이 훨씬 더 많습니다.

그런데 대부분의 사람은 부정적인 심리적 스키마를 가지고 산다는 것입니다. 그래서 모든 일을 객관적으로 해석하는 것보다 부정적인 심리적 스키마에 따라 자신의 주관적 관점에서 해석합니다. 이러한 사람들은 자신의 주관적 해석에 따라 부정적인 감정을 경험하고, 부정적인 행동을 하게 됩니다. 우리가 사는 이 세상에는 아니 더 좁게 말해서 우리가 만나는 사람 가운데는 이런 사람이 참 많습니다.

어떤 사람은 어떤 일에 대한 자기의 주관적인 해석에 따라 지나치게 부정적인 감정, 즉 불안, 우울, 분노, 낙심, 절망, 염려, 수치심, 피해의식 등과 같은 감정에 사로잡혀 있습니다. 이러한 부정적 감정들은 사람의 마음을 고통스럽게 할 뿐만 아니라 삶의 질서를 잃게 하고 엉망진창이 됩니다.

그런데 문제는 자신이 왜 고통을 느끼며, 왜 엉망진창의 삶을 사는지조차 알지 못한다는 것입니다. 자기 생각과 감정 표출이 전혀 문제가 없으며 당연하다고 여깁니다. 자기 생각이 왜곡되어 있다는 것도 모르며, 자기의 감정 상태가 어떤 상태인지도 알지 못합니다. 그러면서 힘들고 괴롭다고 호소합니다. 참으로 안타까운 일입니다.

그러면 이들의 고통과 힘든 감정을 누가 알아차리도록 돕고 어떻게 공감해 주고 이해해 주며 돌보아 주어야 할까요?

바로 상담 전도자가 아닐까요?

성경은 다음과 같이 말씀합니다.

즐거워하는 자들과 함께 즐거워하고 우는 자들과 함께 울라 (롬 12:15).

이 말씀은 즐거워하는 자들뿐만 아니라 우는 자들의 마음을 공감, 이해해 주며 살라는 뜻입니다. 많은 사람이 부부 문제, 자녀 문제, 경기 침체, 외로움, 고독, 건강, 인간관계 등 여러 가지 문제를 안고 살아가고 있습니다. 그래서 상담 전도자가 만나는 피전도자들은 우리가 생각하는 것 이상으로 힘든 삶을 살고 있습니다.

　상담 전도자가 만나는 모든 사람은 우리의 이웃입니다. 우리의 한 형제이고 자매입니다. 그러므로 상담 전도자는 우리의 진정한 이웃과 마음을 같이 하고 함께 나누는 삶을 살아야 합니다. 이것이 복음이고 전도입니다. 정서중심상담 전도는 피전도자의 삶과 함께하면서 그들의 고통과 마음의 짐을 나누어지는 것입니다.

　이제 우리는 피전도자의 고통을 이해하고 그들의 부르짖는 신음에 귀 기울여야 합니다. 전도는 고통받는 자들의 신음을 듣는 것부터 시작됩니다.

　그런데 지금껏 많은 전도자가 피전도자들의 고통의 신음을 들어도 무관심하거나 어떻게 대응해야 할지 문외한으로 일관해 왔습니다. 그러면서 피전도자들을 교회로만 인도하려고 노력해 왔습니다. 그리고 그것으로 자기 임무를 다한 것으로 생각했습니다. 그러다 보니 전도를 실패할 수밖에 없습니다.

　상담 전도자는 피전도자의 고통의 신음을 듣고도 무관심하면 안 됩니다. 이제는 몇 마디의 말로 전도하는 시대가 지났습니다. 세상은 변했는데, 옛 방식을 지금도 고수한다면 전도의 효율성은 기대하기 어렵습니다.

　예수님은 먼저 사람들의 신음을 들으시고 그들의 마음을 위로하고, 공감해 주고, 반영해 주고, 그들의 삶을 있는 그대로 수용해 주셨습니다. 이처럼 예수님은 복음을 전하기 전에 먼저 그들의 고통에 관심을 가지시고, 그들이 호소하는 문제를 해결해 주셨습니다. 그런 후 예수님은 그들에게 복음을 전하셨습니다. 예수님은 이 두 가지를 분리하지 아니하셨습니다. 예수님은 이 두 가지 일을 함께 행하셨습니다. 예수님은 이사야 선지자의 예언 말씀을 이루셨습니다.

> 우리의 연약한 것을 친히 담당하시고 병을 짊어지셨도다 (마 8:17).

이것이 예수님의 전도 방식입니다. 전도는 피전도자의 마음을 다루지 않고는 어렵습니다. 전도는 피전도자의 마음을 알아 주고, 이해해 주고, 공감해 주고, 하나님의 사랑을 함께 나누는 데서부터 시작됩니다.

우리는 이제 전도가 무엇인지 다시 한번 생각해 보아야 합니다. 전도는 피전도자들의 부르짖는 신음에 귀를 기울이는 것입니다. 정서중심상담 전도는 예수님처럼 피전도자들의 고통의 신음을 듣고 위로하고, 치료해 주고, 격려와 지지를 통해 소망을 주고, 참된 이웃이 되어 주는 것입니다. 상담 전도자가 왜 정서중심상담 전도를 해야 하는지 바로 그 이유가 여기에 있습니다.

2. 정서란 무엇인가?

　우리의 다양한 감정, 생각, 행동과 관련된 정신적·생리적 상태를 말하는 정서(Emotion)란 용어는 일종의 운동, 밖으로 향한 운동을 의미합니다.[1] 따라서 정서가 사람의 마음에만 오래 머물러 있으면 병에 걸리기 쉽습니다. 어떻게든 정서는 마음 밖으로 표현되어야 합니다. 그리고 다른 사람의 정서와 상호작용을 해야 합니다. 이러한 사람이 건강하게 살 수 있습니다.

　조나단 에드워즈(Jonathan Edwards)는 말했습니다.

> 영혼의 중심에는 정서가 있으며, 사람의 정서가 움직이지 않는다면 그가 읽거나 들어서 아는 신앙적인 일들을 통해서는 마음이나 행실의 변화가 결코 일어나지 않는다.

　제임스 랑게(James-Lange theory)는 말했습니다.

> 정서란 우리가 사건에 반응함으로써 생겨나는 감정적 반응과 신체적 현상이다.

---

[1] James W. Kalat, Micheiie N. Shiota, 『정서심리학』, 민경환 외 5인 옮김 (Cengage Learning 2008).

예를 들면, 정서는 사랑하는 애인과 헤어졌을 때 일어나는 슬픔과 떨림과 같은 것입니다.

한편, 정서는 혈관 속에 흐르는 피와 같습니다. 피는 혈관을 통해 인체 내의 곳곳마다 영양소를 전달합니다. 사람의 몸에 영양소가 잘 전달되지 않으면 쉽게 피로감을 느끼고, 체중감소, 면역력 저하, 탈모, 집중력 저하, 생각이 느려짐, 기분 변화 등이 유발될 수 있습니다. 이처럼 영양소는 인체에서 꼭 필요한 것인데, 영양소가 결핍되면 사망에 이를 수도 있습니다.

이와 같이 정서는 혈관 속에 흐르는 피와 같이 어디론가 흘려보내야 합니다. 정서가 마음속에 머물러 있기만 하면 병이 들어 정상적인 삶을 살지 못하게 됩니다. 그래서 마음속에 있는 정서가 밖으로 흘러나올 수 있게 해야 합니다. 그래야 건강한 삶을 살 수 있습니다.

사람에게는 여러 가지 정서가 있습니다. 기쁨, 사랑, 행복감, 안정감, 편안함, 만족감, 감사, 불안, 두려움, 질투, 슬픔, 분노, 공포, 외로움, 미움, 질투심, 수치심, 실망감, 좌절감, 낙심 등 여러 정서가 있습니다. 이와 같은 정서는 긍정적인 정서와 부정적인 정서로 구분됩니다.

하나님의 형상대로 창조된 정서들이 좋은 정서 혹은 나쁜 정서가 있을까요?

그렇지 않습니다. 정서는 좋고 나쁨이 없습니다. 단지 정서적 기능에 있어서 구분될 뿐입니다. 긍정적인 정서이든 부정적인 정서

이든 사용하기 나름입니다. 아무리 좋은 정서라고 할지라도 너무 지나치게 사용하면 그 정서는 부정적인 정서가 됩니다. 반면 나쁜 정서라 할지라도 긍정적으로 사용하면 긍정적인 정서가 됩니다.

또한, 정서는 정서적 적응에 따라 적응적 정서와 부적응적인 정서로 나눌 수 있습니다. 적응적 정서는 주변 환경에 적응적으로 반응하여 행동하도록 하는 정서입니다. 그러나 부적응적 정서는 주변 환경에 부적응적으로 반응하여 행동하도록 하는 정서입니다.

예를 들면, 자신이 그토록 원하는 시험에 합격한 사람이 있다고 가정할 경우, 이 사람은 매우 기쁠 것입니다. 그러나 이 기쁨이 다른 일을 할 수 없을 정도로 계속 경험된다면 이 기쁨은 부적응적 정서로 볼 수 있습니다. 그러나 시험에 불합격했다고 할지라도 낙심이 오히려 다음 시험 준비에 촉진제 역할을 한다면 이때 낙심은 적응적 정서라고 볼 수 있습니다.

따라서 상담 전도자는 먼저 피전도자의 정서적 경험을 살펴서 안정되고 적응적인 삶을 살 수 있도록 도와야 합니다. 이러한 것이 정서중심 전도의 시작입니다.

3. 정서중심상담 전도란?

• 1단계: 초기 상담 관계

초기 상담 단계는 상담 관계 및 라포 형성 단계입니다. 상담 중기는 적극적으로 정서중심상담 전도를 시행하는 단계로서 정보수집 및 주호소 문제 파악 그리고 정서중심상담 목표와 전략을 세우고, 공감, 이해, 수용, 탐색, 통찰 그리고 감정 접촉을 통해 자기 문제를 알아차리고, 새로운 정서-하나님의 사랑 경험하기, 지지와 격려, 변화로 이끄는 단계입니다.

• 2단계: 중기 상담 관계

중기 상담 단계에서 피전도자는 상담 전도자와 깊은 상담적 관계, 즉 친밀한 관계에 들어갑니다. 이 과정을 통해 상담 전도자와 피전도자는 자연스럽게 서로를 알게 됩니다. 여기에서 안다는 것은 형식적인 앎이 아니라 정서적으로 진실한 상호작용을 의미합니다.

이 단계에서 가장 중요한 것은 상담 전도자 자신의 몸과 마음을 통해 하나님의 사랑과 그리스도의 향기가 발현되어야 합니다. 이 단계에서 일부러 상담 전도자는 피전도자에게 복음을 전할 필요가 없습니다. 몸과 마음으로 하나님의 사랑과 그리스도의 향기 그 자체가 복음이기 때문입니다. 상담 전도자는 복음을 전하는 것보다 인내하면서 피전도자를 긍휼히 여길 뿐만 아니라 헌신을 아끼지 말아야 합니다.

• **3단계: 말기 상담 관계**

말기 상담 단계는 정서중심상담을 마무리하는 단계입니다. 또한, 상담 전도자가 피전도자에게 복음을 제시하여 피전도자를 교회로 인도하는 단계입니다. 그렇다고 정서중심상담 전도가 끝나는 것은 아닙니다. 피전도자가 교회에서 홀로서기를 할 때까지 상담은 계속 진행됩니다.

필자는 피전도자를 교회로 인도하게 되면 〈말씀 묵상과 상담〉이라는 프로그램을 통해 상담을 몇 회기 동안 더 진행합니다. 이것을 일반 상담에서는 추수 상담이라고 합니다.

정서중심상담 전도는 정서에 초점을 맞춰 상담을 진행합니다. 다음 표에서와 같이 인간은 사건(상황)이 일어나면 인지(해석)를 하고, 해석의 결과에 따라 정서를 경험합니다. 그다음 정서 경험에 따라 행동합니다.

이는 심리학자 앨버트 엘리스(Albert Ellis)와 아론 벡(Aaron Beck)이 주장한 원리입니다. 이들은 사건이 중요한 것이 아니라 해석을 중요하게 여겼습니다. 왜냐하면, 동일한 사건을 경험했다고 할지라도 사람마다 다른 해석을 하기 때문입니다. 따라서 이들은 상담에 있어서 해석에 초점을 맞추어 상담하고자 했습니다.

그러나 필자는 어떤 사건이 일어나면 그 사건에 대해 해석하고, 그에 따라 정서가 경험되고, 정서 경험에 따라 행동이 유발된다는 이론에는 동의하지만, 상담에 있어서는 다른 입장을 취하고자 합니다. 왜냐하면, 사람의 느낌으로는 해석보다 정서가 먼저 반응하는 것으로 느껴지기 때문입니다. 필자는 사건에 대한 해석보다 먼저 정서를 치료해 주면, 행동은 자연스럽게 변화된다고 생각합니다.

그린버그(Leslie S. Greenberg)는 그의 저서 『정서중심치료』에서 해석보다 정서를 강조했습니다. 그는 심리의 적응적 부적응의 흐름의 핵심에 인지와 행위가 있는 것이 아니라 정서가 있다고 말했습니다. 그는 치료적 변화에 있어서 적응적이고 부적응적인 정서 경험에 결정적인 역할을 강조하여 치료의 초점을 인지(해석)와 행동에서 정서로 이동시키고자 했습니다.[2] 그린버그는 정서를 너무 강조한 나머지 인지(해석)를 간과했다는 점에서 약점이 있습니다.

필자는 인지와 정서를 분리하는 것보다 둘을 같은 쌍으로 보고, 역할에 있어서 다른 입장을 취하고자 합니다. 예를 들면, 손과 발이 몸에 붙어 있어 한 몸을 이루듯이 말입니다. 이들은 독립적으로 역할을 하는 것 같지만, 연합을 이루어 하나의 목적을 이룹니다.

---

2 레슬리 그린버그, 『정서중심치료』, 김현진 옮김 (서울: 교육과학사, 2021), 25.

이처럼 인지와 정서도 분리할 수 없습니다. 역할이 다를 뿐입니다. 인지와 정서는 내적인 심리구조에 속한 것으로서 서로 연합을 이루고 있습니다. 인지가 없으면 정서는 무의미하며, 정서가 없으면 인지도 무의미합니다.

따라서 상담은 어느 하나에 치중해서는 효과가 없습니다. 인지에 문제가 있으면 정서에도 문제가 있고, 정서에 문제가 있으면 인지에도 문제가 있기 때문입니다.

정서중심상담 전도는 인지와 정서를 함께 다루어야 합니다. 다만 어느 쪽에 초점을 두어 상담을 진행하느냐가 다를 뿐입니다. 인지에 초점을 둔 상담은 비합리적 신념에 대한 논박을 통해 현재의 사고를 수정시키는 방법입니다.

그러나 정서에 초점을 둔 상담은 정서의 유형을 파악하고, 정서를 공감해 주고, 정서를 알아차리게 하고, 정서를 표현하게 하여 정서를 교정시켜 줍니다. 정서 상담은 우울, 분노, 슬픔, 외로움, 수치심, 두려움, 염려 등과 같은 부적응 정서는 심리 내면에 있는 적응적 정서를 활성화해 부적응 정서가 힘을 발휘하지 못하도록 합니다.

필자는 정서에 초점을 두고 정서중심상담 전도를 진행하고자 합니다.

제2장

정서중심상담 전도

공감이란 무엇인가?
공감은 어떠한 비판도 하지 않고
상대의 말, 감정 그리고 행동을 이해하며
같은 마음을 가져주는 것을 말합니다.

상담에는 필수적인 기술이 있습니다. 공감과 감정 반영, 인정, 무조건적 존중, 무조건적 수용, 공감적 이해 등이 있습니다.

1. 상담의 기초

1) 공감과 감정 반영하기

공감과 감정 반영은 상담에 있어 매우 정교한 기술입니다. 상담 전도자는 반드시 공감과 감정 반영 기술을 몸에 익혀야 합니다.

(1) 공감하기

공감이란 무엇인가?

일반적인 정의로는 공감이란, 어떠한 비판도 하지 않고 상대의 말, 감정 그리고 행동을 이해하고 상대방의 감정과 동일하게 느끼는 것을 말합니다. 이와 같은 정의에 따르면 상담 전도자는 피전도자의 어떠한 말이나 감정 표현, 행동에도 판단하거나 비판하지 말아야 합니다. 하지만, 사람은 자기 눈의 들보는 작게, 남의 눈의 들보는 크게 보려는 습성이 있습니다.

> 어찌하여 형제의 눈 속에 있는 티는 보고 네 눈 속에 있는 들보는 깨닫지 못하느냐 (마 7:3).

예수님의 이 말씀은 남의 잘못에 대해 비판하지 말라는 것입니다. 상담 전도자가 피전도자를 판단하고 비판하는 것은 상담 전도의 가장 큰 적입니다. 상담 전도자는 피전도자의 존재 자체를 무조건적으로 공감해 주어야 합니다.

물론, 상담 전도를 하다 보면 피전도자가 상담 전도자에게 실망감과 좌절감을 느끼게 할 수도 있습니다. 그럼에도 상담 전도자는 어떤 조건도 필요 없이 피전도자의 말과 행동에 대해 존중해 주어야 합니다.

상담 전도자는 피전도자가 무시당한 기분이 들지 않도록 수용해 주어야 합니다. 공감에 있어서 가장 중요한 것은 피전도자를 있는 그대로 수용해 주는 것입니다. 이것을 긍정적 존중이라고 합니다. 이 세상에서 완전한 사람은 아무도 없습니다. 아무리 선한 사람이라고 할지라도 흠이 있기 마련입니다.

따라서 피전도자를 무조건적으로 공감해 주는 것은 상담 전도에서 매우 중요한 것 중의 하나입니다. 예수님은 세리 마태와 간음하다 잡힌 여인을 무조건 그리고 존재 자체를 공감해 주셨습니다. 바리새인과 서기관들은 세리 마태를 죄인 취급했지만, 예수님은 세리 마태의 집에 들어가 그와 함께 식사하심으로 그의 존재 자체를 공감해 주셨습니다(막 2:13-17).

세리 마태는 깊은 죄책감에 사로잡혀 있었을 것으로 보입니다. 세리 마태는 자신의 문제를 예수님으로부터 해결 받기를 원했습니다. 그래서 그는 예수님께서 "나를 따르라"(막 2:14)고 말씀하셨을 때 세리직을 버리고 곧바로 예수님을 따랐습니다. 예수님은 자신을 비난하는 바리새인과 서기관들에게 말씀하셨습니다.

> 나는 의인을 부르러 온 것이 아니요 죄인을 부르러 왔노라(막 2:17).

또한, 요한복음 8:4-5에서 서기관들과 바리새인들이 음행 중에 잡힌 여인을 성전에 끌고 와서 가운데 세우고 예수님을 시험합니다.

> … 선생이여 이 여자가 간음하다가 현장에서 잡혔나이다 모세는 율법에 이러한 여자를 돌로 치라 명하였거니와 선생은 어떻게 말하겠나이까 (요 8:4-5).

바리새인들과 서기관들은 예수님을 궁지에 몰아넣으려고 했습니다. 그러나 예수님은 그들의 의도를 아시고 "너희 중에 죄 없는 자가 먼저 돌로 치라"고 하셨습니다. 그러자 그들은 양심의 가책을 느껴 모두 그 자리를 떠났습니다.

이제 성전에 예수님과 간음한 여인 둘만 남았습니다. 예수님은 긍휼한 마음으로 간음한 여인을 바라보며 그녀의 죄를 묻지 아니하셨습니다. 예수님은 간음한 여인을 불쌍히 여기셨습니다. 죄는 나쁜 것이지만, 인간 존재 그 자체는 귀합니다. 예수님은 간음한 여자의 죄보다 먼저 귀한 인간 그 자체로 보셨습니다. 그리고 그녀를 긍휼히 여기시고 용서해 주셨습니다.

> … 이르시되 나도 너를 정죄하지 아니하노니 가서 다시는 죄를 범하지 말라 하시니라(요 8:11).

이것이 진정한 사랑이며 용서가 아닐까요?
이것이 진정한 공감입니다.

(2) 감정 반영하기

감정 반영은 상대방의 감정을 이해하고 느끼면서 상대방의 감정을 거울처럼 비추듯 섬세하게 되돌려주는 것입니다. 예를 들면, 다음과 같이 피전도자가 느끼는 감정을 그대로 반영해 주는 것입니다.

- **피전도자**: 남편이 내 말을 묵살한 것 같아 매우 기분 나빴어요.
- **상담 전도자**: 네, 당신의 말을 남편이 묵살한 느낌이 들어 매우 기분이 나쁘시다는 말씀이군요.

감정 공감의 기술을 제시하면 다음과 같습니다.

"~ 때문에 ~ 감정을 느끼시는군요."
"아, 그렇군요. ~ 하게 느끼고 계신다는 말씀이군요."

" ~ 이라고 생각이 들어 마음이 힘드시다는 말씀이군요."
" ○○가 ~라고 말씀하셔서 ~ 하다는 말씀이군요."

상담 전도자가 피전도자의 생각보다 앞서면 감정 반영을 제대로 할 수 없습니다. 피전도자의 말이 끝나기도 전에 말을 자르거나 속단하면 대화가 끊깁니다. 그러면 피전도자는 자신이 무시당한다고 생각할 것이며, 다시는 상담 전도자에게 자신의 고민을 털어놓지 않을 것입니다.

'거울 뉴런'(Mirror neuron)이라는 말이 있습니다. 이 용어는 1996년 이탈리아 파르마대학의 생리학자 지아코모 리졸라티(Giacomo Rizzolatti) 교수 연구진이 명명한 용어입니다. '거울 뉴런'이란 우는 사람을 보면 슬퍼지고, 웃는 모습을 보면 따라 웃음이 나고, 옆에서 무서워하면 덩달아 무서워지고, 다른 사람이 아프면 똑같이 아픔을 느끼는 것 등을 의미합니다.

다음은 배우 김혜자 씨에 관한 이야기입니다.

> 김혜자 씨가 네팔 카트만두 외곽의 유적지에 갔다가 길에 싸구려 장신구들을 펼쳐 놓고 파는 한 여인을 발견하고 다가갔습니다. 그 여인은 고개를 숙이고 조용히 울고 있었습니다. 김혜자 씨는 갑자기 걸음을 멈추더니 그녀 옆으로 가서 앉는 것이었습니다. 물건을 사는 것이 아니었습니다. 그러나 놀라운 일은 김혜자 씨는 그녀 옆에 앉아 울기 시작했습니다. 말도 없이 그녀의 손을 잡고 울고 있었습니다. 먼지와

인파 속에서 국적과 언어와 신분이 다른 두 여인이 서로 눈물의 이유도 묻지 않은 채 쪼그리고 울고 있었습니다.[1]

바울은 로마서 12:15에서 로마교회 성도들에게 이렇게 말했습니다.

즐거워하는 자들과 함께 즐거워하고 우는 자들과 함께 울라 (롬 12:15).

상담 전도자가 거울 뉴런에 민감할 때 피전도자에 대한 공감 반영은 크게 향상됩니다.

2) 인정해 주기

사람은 누구나 타인이나 자신에게 가치 있는 존재라는 것을 인정받고 싶어 합니다. 사람은 타인에게 자신의 능력을 인정받지 못하면 좌절을 경험하게 됩니다. 또한, 열등감과 우울한 감정을 경험하게 됩니다. 상담 전도를 하다 보면 열등감에 사로잡혀 있는 피전도자를 만나게 됩니다.

"난 이 세상에서 살 가치가 없는 사람이에요."
"난 실패자예요."

---

[1] 류시화, 『새는 날아가면서 뒤돌아보지 않는다』 (서울: 더숲, 2017), 119.

"나는 나 자신을 믿지 못해요."
"나도 잘할 수 있을까요?"

이렇게 말하는 피전도자의 심리적 배경에는 열등감이 자리하고 있습니다. 상담 전도자는 이런 피전도자에게 가치 있는 존재임을 인정해 주고 지지와 격려를 아낌없이 베풀어 주어야 합니다.

상담 전도자는 피전도자가 누구이든지 간에 소중한 존재로 여겨 주어야 합니다. 남자이든 여자이든, 부자이든 가난한 자이든, 어른이든 어린아이든 온 마음으로 존중해 주고 소중히 여겨 주어야 합니다. 마태복음 18:6에서 예수님은 말씀하셨습니다.

> 누구든지 나를 믿는 이 작은 자 중 하나를 실족하게 하면 차라리 연자 맷돌이 그 목에 달려서 깊은 바다에 빠뜨려지는 것이 나으니라(마 18:6).

또한, 마태복음 18:7에서 "실족하게 하는 그 사람에게는 화가 있다"라고 말씀하셨습니다.

모든 사람은 태어날 때부터 인정받을 권리를 가지고 태어났습니다.

상담 전도자는 피전도자가 아무리 천한 자라 할지라도 무시해서는 안 됩니다. 갓 태어난 신생아를 대하듯 소중하게, 사랑스럽게 여겨 주어야 합니다. 그러나 이러한 일은 쉽지 않습니다. 예수님의 마음을 품지 않고서는 어렵습니다.

예수님의 마음이 무엇인가요?

겸손, 긍휼하심, 인자하심, 온전한 순종 그리고 차별이 없으심입니다. 상담 전도자는 피전도자를 예수님의 마음으로 인정해 주고 돌보아 주어야 합니다. 피전도자는 누구든지 한 인간으로서 그리고 하나님 앞에서 소중한 존재입니다.

3) 무조건적 존중

무조건적 존중은 피전도자의 생각, 정서, 삶을 비판하지 않고, 있는 그대로 받아 주고 존중하는 태도를 의미합니다. 상담 전도자는 피전도자가 어떤 생각을 하든, 어떤 정서를 표현하든 조건 없이 존중하고 인정해 주어야 합니다.
이를 통해 피전도자는 자신이 상담 전도자에게 존중받고 있다는 느낌을 받습니다. 또한, 피전도자는 자신을 부정적으로 평가하는 것이 아니라 자신의 존재를 가치 있게 여기고 긍정적으로 바라볼 수 있습니다.
예를 들면, 피전도자가 "어릴 때 나에게 막말하고 때리고 못살게 굴었던 어머니가 생각나 미치겠어요"라고 말했을 때, 상담 전도자가 "지금 몇 살인데 그걸 지금도 기억하고 있습니까?"라고 반응했다면, 피전도자는 상담 전도자에게 전혀 존중받지 못하고 있을 뿐만 아니라 오히려 바판받고 있다고 생각할 것입니다.
그러나 반대로 상담 전도자가 "그때가 생각이 나면 당연히 그렇게 느낄 수도 있지요. 얼마나 힘드세요"라고 반응한다면 피전도자는 자신의 마음이 존중받고 있다는 느낌을 받을 뿐 아니라 자신을 지지해 주는 사람이 있어 위로가 될 것입니다. 이와 같이 상담 전도자는 피전도자를 무조건적으로 존중해 주어야 합니다.

4) 공감적 이해

공감적 이해는 단순히 상대방의 마음을 알아차리는 차원이 아니라, 마치 자신이 직접 경험한 것처럼 깊이 이해하려는 태도를 의미합니다. 상담 전도자는 피전도자의 말, 생각, 정서 그리고 행동까지 주의 깊게 관찰하며, 이를 이해하려고 노력해야 합니다.

이를 통해 피전도자는 "나를 이해해 주는 사람도 있구나" 하는 생각을 갖게 됩니다. 예를 들면, 피전도자가 "엄마는 내가 말할 때마다 내 말을 듣지 않고 자신의 주장만 해요"라고 이야기한다면, 상담 전도자는 "엄마가 매번 ○○의 말을 듣지 않아 속상했겠구나!", "엄마와 친하게 지내고 싶어서 말을 걸었는데 답답했겠구나!"라고 상담 전도자는 피전도자의 말에 마치 자신이 경험한 것처럼 공감적으로 이해하고 들어주어야 합니다. 그러면 피전도자는 자신의 마음을 상담 전도자에게 더욱 개방하게 됩니다.

5) 무조건적 수용

칼 로저스(Carl Rogers)는 "사람은 수용 받고 소중히 여김을 받을수록 자기 자신을 돌보는 태도를 더욱더 발달시키게 된다"라고 말했습니다.

사람은 누구나 수용 받고 싶어 합니다. 이것이 인간의 본능이기 때문입니다. 따라서 사람이 수용 받고 있지 못하다고 느낄 때, 즉 거부당한 느낌을 받을 때 저항하게 됩니다. 분노를 표출하거나 서운한 감정을 드러냅니다.

따라서 상담 전도자는 피전도자가 서운한 감정이 들지 않도록 충분히 수용해 주어야 합니다. 피전도자가 수용 받고 있다는 느낌이 들 때 자기 마음을 엽니다. 그전에는 상담 전도자를 경계하거나 일정하게 거리를 두게 됩니다.

그리고 상담 전도 회기가 계속 진행될지라도 상담 전도자로부터 따뜻한 마음을 느끼지 못하면 피전도자는 자신의 감정을 드러내지 않습니다. 오히려 피전도자는 상담 전도자에게 저항하는 말과 행동을 합니다. 따라서 상담 전도자는 피전도자가 의도적으로 부정적인 감정을 나타낸다고 할지라도 맞서 논쟁하면 절대로 안 됩니다. 무조건적으로 수용해 주어야 합니다.

상담 전도자는 피전도자를 긍휼한 마음으로 수용해 주어야 합니다. 긍휼히 여긴다는 것은 불쌍히 여긴다는 뜻입니다. 누가복음 19장에 묘사된 삭개오 이야기는 수용이 무엇인지를 잘 보여 주고 있습니다. 삭개오는 돌무화과나무 위에서 예수님의 음성을 들은 적이 있습니다. 예수님께서는 삭개오를 향해 말씀하셨습니다.

"삭개오야, 속히 내려오라 내가 오늘 네 집에 유하여야 하겠다" (눅 19:5).

삭개오는 예수님의 음성을 듣고 어떤 감정에 사로잡혔을까요?

진실로 자신을 불쌍히 여겨 주시는 예수님의 따뜻한 마음을 느꼈을 것입니다. 이스라엘 모든 사람은 자신을 죄인 취급하고 외면했는데, 예수님만은 그렇지 않으신 것을 보고 큰 감동과 위로를 받았을 것입니다.

예수님은 삭개오에게 "오늘 네 집에 유하여야 하겠다"라고 말씀하셨습니다. 이는 예수님께서 삭개오를 불쌍히 여겨 주시고 그를 아브라함의 자손으로 인정해 주시겠다는 것을 의미합니다. 예수님은 다른 사람들을 향해서 이렇게 말씀하셨습니다.

> 인자가 온 것은 잃어버린 자를 찾아 구원하려 함이니라 (눅 19:10).

"잃어버린 자", 즉 삭개오는 잃어버린 자에 불과했습니다. 그러나 삭개오는 예수님에 의해 '수용 받은 자'가 되었습니다. 피전도자는 "잃어버린 자"입니다. 상담 전도자는 이들을 수용해 줌으로 '수용 받은 자'로 긍휼을 베풀어야 합니다.

예수님의 마음과 사람들의 마음은 분명한 차이가 있습니다. 사람들은 삭개오를 죄인 취급하며 거절했지만, 예수님은 삭개오를 거절하지 아니하시고 긍휼함을 베풀어 주셨습니다. 이것이 진정한 수용입니다.

거리감은 항상 우리의 마음 한 켠에 도사리고 있습니다. 거절하고 싶은 마음 또한 그렇습니다. 상담 전도자는 이와 같은 마음을 경계해야 합니다. 그렇지 않으면 정서중심상담 전도는 성공할 수 없습니다. 상담 전도자는 기대한 만큼 피전도자가 변화를 보이지 못할 때 포기하고 싶은 생각이 들 때가 있습니다. 그럴지라도 이것이 상담 전도의 과정임을 잊지 말아야 합니다. 정서중심상담 전도의 매력이 바로 여기에 있습니다.

"상담 전도자들이여!
하나님의 때를 기다리십시오. 그러면 반드시 하나님의 뜻이 이루어질 것이라 믿습니다."

예수님께서 성전에서 가르치실 때 서기관과 바리새인들이 간음 중에 잡힌 여자를 끌고 와서 예수님을 시험했습니다.

··· 선생이여 이 여자가 간음하다가 현장에서 잡혔나이다 모세는 율법에 이러한 여자를 돌로 치라 명하였거니와 선생은 어떻게 말하겠나이까 (요 8:4-5).

율법에 의하면 간음하다 잡힌 여인은 돌로 쳐 죽임을 당해야 했습니다. 그러나 예수님은 간음한 여인의 죄에 대해 판단하지 않으시고 용서해 주셨습니다. 수용은 바로 이것입니다. 상담 전도자는 피전도자를 판단해서는 안 됩니다. 상담 전도자는 그저 그리스도의 십자가의 사랑으로 안아 주고 수용해 주어야 합니다.

상담 전도 초기에 어떤 피전도자는 상담 전도자를 형식적으로 대하거나 매우 쌀쌀하게, 냉랭하게 대합니다. 이는 상담 전도자에 대한 저항이지만, 상담 전도자는 이와 같은 덫에 걸려 넘어지면 안 됩니다. 이를 자연스럽게 받아 주고 넘어갈 줄 알아야 합니다. 중요한 것은 이들을 판단하지 말고, 정죄하지 말고 십자가의 사랑으로 이해하고 따뜻한 마음으로 수용해 주어야 합니다.

"상담 전도자들이여!
피전도자를 판단하지 말고, 긍휼한 마음으로 수용해 주십시오."

2. 대화와 질문, 반응

언어는 하나님이 인간에게 주신 최고의 선물입니다. 사람은 언어를 통해 상호 의사소통을 합니다. 물론, 동물도 상호 의사소통을 합니다. 그러나 동물은 의미와 감정을 다양하게 표현하지는 못합니다.

의사소통은 언어적 의사소통과 비언어적 의사소통으로 나누어집니다.

- **언어적 의사소통**: 말을 통해 의미를 전달하는 행위
- **비언어적 의사소통**: 몸동작, 음성, 시선, 외모 등으로 의미를 전달하는 행위

1) 언어적 의사소통

아이는 태어난 지 1년쯤 되면 옹알이를 합니다. 이는 말을 배우기 위한 준비 단계입니다. 말을 배우는 것은 본능적입니다. 하나님이 인간에게 말할 수 있는 언어 능력을 주셨습니다. 아이는 옹알이 시기가 끝나면 짧막한 단어부터 배웁니다. 그리고 아이는 머지않아 문장을 만들어 말할 수 있습니다. 그러다가 아이는 점점 어휘력이 확장됩니다. 세 살이 되면 아이는 자유롭게 말하게 됩니다.

말은 다양한 정서를 내포하고 있습니다. 정서는 언어라는 도구를 통해 표현됩니다. 그러므로 사람은 상대방의 말 속에서 분노, 불안, 우울, 슬픔, 기쁨, 수치심 등과 같은 정서를 느낍니다. 상담 전도자는 피전도자의 말 속에 담겨진 정서를 적절하게 반영해 주어야 합니다. 즉, 상담 전도자는 피전도자의 말에 적절하게 반영함으로써 보다 친밀한 관계를 유지할 수 있습니다.

2) 비언어적 의사소통

비언어적 의사소통은 몸동작, 음성, 시선, 외모 등을 통해 자신의 정서를 표현하고 의미를 전달하는 행위입니다. 상담 전도자는 피전도자의 표정, 음성의 고저, 몸동작, 시선의 위치, 대화할 때 몸동작, 옷차림과 헤어스타일 등을 유심히 살펴보아야 합니다.

피전도자의 표정은 상담 전도자에게 많은 정보를 제공합니다. 잔잔한 미소는 마음의 편안함을, 숨을 급하게 내쉬거나 상기된 얼굴은 당혹스러움을, 떨리는 입술은 적개심 혹은 극도의 슬픔을, 힘을 주어 다문 입술은 심리적 분노를 나타낼 수 있습니다. 지속적인 시선 접촉은 관심을, 시선을 접촉하지 못하고 피하는 경우는 회피를 의미할 수 있습니다.

대화 가운데 굳은 자세는 긴장을 의미할 수 있고, 몸을 약간 구부린 채 상담자에게 시선을 집중하는 행위는 흥미를 나타낼 수 있습니다. 몸을 한 곳에 고정시키지 못하고 자주 움직이거나 손톱을 뜯거나 머리카락을 만지는 행위는 불안한 마음을 나타냅니다.

또한, 말수가 적고 느린 사람은 우울한 감정을, 고개를 숙이고 침묵하는 행위는 내면에 많은 생각을 갖고 있다는 뜻이기도 합니다. 반면 상담 전도자의 부드러운 목소리, 편안한 자세와 부담 없는 시선, 웃는 표정 등은 편안한 첫인상을 줍니다. 상담 전도자의 우호적인 첫인상은 상담의 전 과정에 큰 영향을 미칩니다.

상담 전도자는 피전도자의 언어적 표현과 비언어적 표현을 유심히 살펴서 정서적 경험과 정서 표현 스타일을 잘 파악하고 이해해야 합니다. 비언어적 표현들은 상담 전도자가 피전도자의 드러난 혹은 드러나지 않은 정서를 인지하고 반응하는 데 큰 도움이 됩니다.

3) 질문

질문은 이야기를 끌어내기 위한 최적의 방법입니다. 이에 대한 질문에는 두 가지 방법이 있습니다.

첫째, 폐쇄형 질문
둘째, 개방형 질문

상담 전도자는 이 두 가지의 질문 방법을 잘 활용해야 합니다.

(1) 폐쇄형 질문

폐쇄형 질문은 피전도자의 한두 마디 답으로도 충분할 때 사용하며 다음과 같이 '예', '아니오'로 답하도록 하는 질문 방법입니다.

"오늘 기분이 좋아 보이네요?"

"어제 가게 문이 닫혀 있던데 어디 다녀오셨어요?"
"교회에 다녀본 적 있으세요?"
"어제 서울 다녀온다고 하셨는데 잘 다녀오셨어요?"

이는 어떤 문제에 대해 자유롭게 이야기할 수 없게 하고 피전도자의 자기 탐색을 자극하지 못하게 하는 단점이 있습니다. 그러나 분명한 답변을 요할 때 폐쇄형 질문이 유용합니다.

(2) 개방형 질문

개방형 질문은 피전도자에게 보다 상세하게 대답을 하도록 돕는 질문입니다. 어떤 상황을 보다 자세히 알고자 할 때 폐쇄형 질문보다 다음과 같이 개방형 질문을 사용합니다.

"한 주 동안 어떻게 지내셨는지 말씀해 주시면 좋겠네요."
"다른 사람이 뭐라고 말했는지 말씀해 주시겠어요?"
"그 사건을 떠 올리면 어떤 느낌이 드는지 구체적으로 말씀해 주시겠어요?"
"부모님이 이 사실을 알면 어떻게 이해할 것 같나요?"

피전도자가 '예', '아니요' 혹은 단답형으로만 말한다면 상담 전도자가 알고자 하는 피전도자의 문제나 감정 상태를 읽기 어렵습니다. 그래서 상담 전도자는 훈련을 통해 개방형 질문을 자연스럽게 할 수 있어야 합니다.

　상담 전도자가 주의해야 할 점은 피전도자에게 질문할 때 심문을 받는 느낌이 들지 않도록 해야 합니다. 어떤 사실에 대해 캐묻듯이 집요하게 질문해서는 안 됩니다. 또한, 신문기자가 인터뷰하듯 질문해서도 안 됩니다. 상담 전도자는 피전도자가 편안하고 자연스럽게 질문에 응하도록 적절한 미러링과 공감 반영을 해 주면서 질문해야 합니다.

4) 반응

(1) 미러링(Mirroring)[2]

　미러링(Mirroring, 거울 반응)은 상대방의 말을 진지하게 듣고 있다는 느낌을 줍니다. 따라서 미러링은 상대방을 존중하고 있다는 것을 의미하는 것으로 말하는 사람의 말을 그대로 되풀이하는 기법입니다. 즉, 듣는 사람이 말한 사람의 말을 자기 생각이나 듣기 원하는 말로 바꾸어 말하는 것이 아니라 말하는 사람이 한 말을 그대로 반복하는 것입니다.

　다음의 표는 피전도자의 말에 상담 전도자가 미러링한 예입니다. 그리고 빈 칸은 상담 전도자가 연습할 수 있게 했습니다.

---

[2] 미러링에는 단순 미러링과 깊은 차원의 미러링으로 나눌 수 있다. 단순 미러링은 상대의 말을 그대로 되돌려서 읽어 주는 것을 말한다. 깊은 차원의 미러링이란 상대의 속마음을 읽으면서 공감적으로 반영해 주는 것을 말한다.

피전도자	상담 전도자의 미러링
"요즈음 사업이 안 돼 힘들어요."	"요즈음 사업이 안 돼 힘드시다는 말씀이군요?"
"실직당한 남편이 하루 종일 나를 얼마나 힘들게 하는지 몰라요."	"실직당한 남편 때문에 힘드시다는 말씀이군요?"
"아이가 공부는 안 하고 게임만 해서 고민이에요."	"아이가 공부는 안 하고 게임만 해서 고민이라는 말씀이군요?"
"시어머니가 아이를 안 돌봐주어 속상해요."	"시어머니가 아이를 돌봐주지 않아 속상하단 말씀이군요?"
"남편이 시도 때도 없이 저에게 폭언을 해 무서워요."	"남편이 폭언을 해서 매우 무섭다는 말씀이군요?"
"이번에 시험을 보았는데 또 떨어졌어요. 화가 나요."	"시험에서 또 떨어져 화가 난다는 말씀이군요?"
"아이에게 야단쳤는데 오히려 우울한 기분이 들어요."	"아이를 야단친 후 오히려 우울한 기분이 드셨다는 말씀이군요?"
"남편에게 잘해 줄 걸 지금 생각하면 후회되고 미안해요."	"남편에게 잘해 주지 못한 것이 후회되고 미안하다는 말씀이군요?"
"저는 잘못이 없고 남편만 잘하면 되요."	"본인은 잘못이 없고 남편만 잘하면 된다고 생각하시는군요?"
"엄마가 나만 미워하고 때려요. 화가 나요."	"엄마가 나만 미워하고 때려서 화가 난다는 말씀이군요?"

(2) 백트랙킹(Back-tracking)

백트랙킹(Back-tracking)은 상대방이 말한 것 중에 핵심 부분을 반복하여 말하는 것입니다. 즉, 이 기법을 정서중심상담 전도에 적용해 보면, 상담 전도자가 피전도자의 말을 그대로 묵묵히 듣는 것이 아니라 때로는 맞장구를 쳐서 관심을 보여 주는 것이라고 할 수 있습니다.

예를 들면, 상담 전도자는 "그렇군요. 저도 이해해요", "아, 맞아요"라고 말해 줍니다. 상담 전도자는 자신의 주장을 내세우기 위해 자신의 말만 늘어놓아서는 안 됩니다. 어떤 상담 전도자는 피전도자의 말을 듣기보다는 만나자마자 자기 생각만 늘어놓는 경우가 있습니다. 상담 전도자는 피전도자의 말이 이치에 맞지 않을지라도 계속 듣고 백트랙킹을 해 주어야 합니다. 백트랙킹을 계속해 주면 피전도자는 자기 말을 잘 듣고 있다는 느낌을 갖습니다.

(3) 요약하기

요약하기는 상대방의 말의 내용이나 의미를 간략하게 요약하는 것을 말합니다. 이는 피전도자의 말을 간단하면서도 구체적이고 명료하게 하는 데 효과가 있습니다. 요약하기는 감정이나 내적인 경험보다 내용이나 생각에 초점을 둡니다.

어떤 피전도자는 자신이 하고 싶은 말을 쉴 틈 없이 이어갑니다. 이때 상담 전도자는 중간중간 한 가지 주제를 따라 말할 수 있도록 요약하기를 해 주어야 합니다. 요약하기의 효과는 피전도자의 불분명한 말을 정확하게 드러내도록 돕습니다. 피전도자가 초점을 맞추고 더 깊이 말하도록 합니다.

요약하기는 자기 생각을 듣고 재평가할 기회를 제공합니다. 자신의 말과 생각을 간단명료하게 이해할 수 있도록 돕습니다. 요약하기의 목적은 피전도자가 상담 전도에 참여하도록 하고 자기 생각을 철저하게 탐색하도록 자극하는 데 있습니다.

5) 상담 전도자의 자기 관리

상담 전도자는 평상시에 자기 관리를 잘 해야 합니다. 정신적, 심리적, 영적 그리고 육체적으로 자기 관리를 철저히 해야 합니다. 상담 전도를 하다 보면 상당한 에너지가 소요됩니다. 상담 전도자는 피전도자의 말을 계속 들어야 하고, 그 말에 공감해 주고, 이해해 주고, 수용해 주어야 합니다.

피전도자가 긍정적인 말을 할 때는 힘이 덜 들지만, 부정적인 말을 계속 들을 때는 매우 힘이 듭니다. 어쩌면 이것이 고통일 수도 있습니다. 상담은 한 번에 끝나는 것이 아닙니다. 피전도자가 복음을 듣고 교회로 인도함을 받을 때까지 지속됩니다.

따라서 상담 전도자는 정신적, 심리적, 영적 그리고 육체적으로 견딜 수 있는 에너지를 충전해야 합니다. 그 방법은 적절한 운동을 한다거나 혼자만의 시간을 갖고 자신을 뒤돌아본다거나, 기도하면서 하나님과 특별한 만남의 시간을 갖거나 정다운 친구와 함께 한

적한 찻집에서 차를 마시면서 자신의 고민을 함께 나누는 것도 좋습니다.

  필자는 정신적, 육체적 건강을 위해서는 산책을 하거나 혼자서 조용히 시간을 보냅니다. 심리적 건강을 위해서는 상담 전문가인 필자의 아내와 필자의 가장 친한 친구인 상담 전문가를 만나 힘든 점을 나눕니다. 영적인 건강을 위해서는 하나님의 말씀을 묵상하면서 하나님과 깊은 관계를 통해 위로와 힘을 얻곤 합니다.

  상담 전도자마다 정신적, 심리적, 영적 그리고 육체적인 건강을 유지하기 위해 자기만의 방법이 있겠지만, 상담 전도자는 정신적, 심리적, 영적 그리고 육체적인 건강을 유지하는 것이 매우 중요합니다. 왜냐하면, 상담 전도자가 건강하지 못하면 그대로 피전도자에게 영향을 미치기 때문입니다.

제3장

상담 초기

라포형성은 상담 전도자와 피전도자 사이에
신뢰를 형성하는 것을 의미합니다.
신뢰 관계가 충분히 형성되지 못하면
상담 전도는 실패할 수 있습니다.
따라서 라포형성은 상담 전도에 매우 중요합니다.

정서중심상담 전도에서 초기 단계는 대략 1-2회기입니다. 이 단계에서 상담 전도자와 피전도자가 처음 만나 상담 전도 관계를 맺습니다. 상담 전도자와 피전도자의 초기 상담 관계는 상담이 끝날 때까지 영향을 미칩니다. 따라서 상담 전도자는 피전도자에에게 편안한 인상을 주고, 라포형성에 집중해야 합니다.

그런데 명심해야 할 것은 처음 피전도자를 만날 때 피전도자의 종교 여부를 먼저 확인해야 합니다. 이는 정서중심상담 전도 목표와 전략을 세우는데 기초가 되기 때문입니다. 만일, 피전도자가 교회를 한 번이라도 다녀본 적이 있거나 교회의 일 또는 다른 사정 때문에 신앙생활을 못 하고 있다면 상담 전도자의 개방을 고려할 수도 있기 때문입니다.

그러면 먼저 피전도자와 상담 전도 관계를 어떻게 맺는지 살펴보겠습니다.

1. 상담 전도 관계 형성

상담 전도 관계 형성은 공식적인 관계 형성과 비공식적인 관계 형성으로 구분할 수 있습니다. 공식적인 관계 형성은 상담 전도자와 피전도자가 상담 전도 목표를 이루기 위해 상호 협의하에 맺은 관계입니다.

비공식적 관계 형성은 공식적인 관계 형성과 동일하지만, 상호 협의하에 맺은 관계는 아닙니다. 대부분 상담 전도는 비공식적인 관계에서 진행됩니다. 왜냐하면, 상담 전도 초기부터 피전도자는 자신이 예수님을 믿을 생각이 없기 때문입니다. 이러한 점이 일반 상담에서 상담 전도 관계 형성과 다른 점입니다.

　상담 전도 관계 형성에서 라포형성이 중요한 요인이 됩니다. 라포형성이 잘 형성되면 상담 전도 관계가 견고하게 형성될 수 있습니다.

　상담 전도 관계 형성을 위해 상담 전도자가 일방적으로 피전도자를 이끌면 안 됩니다. 상담 전도자는 상담 전도 관계 형성을 위해 이해와 공감, 감정 반영 그리고 수용은 필수입니다. 상담 전도자는 피전도자를 무조건적인 이해, 공감과 감정 반영 그리고 수용을 해 주어야 합니다.

　또한, 상담 전도자는 피전도자의 말에 미러링을 잘 해주어야 합니다. 미러링은 초기 단계에서 자세히 다루었습니다. 미러링하는 방법을 잘 익혀서 사용하면 라포 형성에 많은 도움이 됩니다.

　상담 전도 관계 형성을 위해 중요한 것은 무조건적으로 존중해 주어야 합니다. 무조건적인 존중은 피전도자를 존귀하게 여기는 것입니다. 즉, 상담 전도자는 피전도자가 어떻게 생각하고 행동하는가와 상관없이 일관되게 따뜻한 마음으로 수용해 주어야 한다는 뜻입니다.

공감적 경청은 피전도자의 말이 옳든 틀리든 논리적으로 따지지 말고 인정해 주는 것입니다. 또한, 공감적 경청이란 단순히 상대방의 말을 듣는 차원을 넘어서 피전도자의 입장에서 이해하는 것입니다. 이해는 피전도자의 잘못된 생각이나 행동을 인정해 주는 것이 아닙니다.

또한, 상담 전도자는 피전도자보다 말을 앞서거나 선입견을 가지고 판단하지 말아야 합니다. 상담 전도자는 피전도자의 말을 조용히 따라가면서 감정 반영을 해 주어야 합니다. 감정 반영이란 피전도자의 감정을 알아채고 상담 전도자가 이해한 것을 피전도자에게 전달하는 것입니다.

자기의 주장이 강한 피전도자는 자기 생각과 감정을 고려하지 않고 말하는 경우가 있습니다. 또한, 자기 부정적이고 자기 패배적인 피전도자는 상담 전도자를 너무 배려한 나머지 지나치게 소극적인 태도를 보이는 경우가 있습니다. 이러한 사람은 '가치 조건화'에 고착된 피전도자일 수 있습니다.

이 말은 개인의 신념과 가치가 어떤 자극에 의해 형성되고 강화된 것을 의미합니다. 이러한 '가치 조건화'는 주로 어릴 때 부모님의 가치에 순응함으로써 형성됩니다. 상담 전도자는 피전도자가 자기주장이 강하든 자기 부정적이고 자기 패배적이든 피전도자를 무조건적으로 존중해 주고 공감해 주어야 합니다.

피전도자는 자기가 존중받고 있다는 느낌이 들 때 마음 문을 열고 상담 전도자를 받아드릴 수 있게 됩니다. 상담 전도 초기에 상담 관계와 라포형성이 올바로 되지 않으면 상담 전도 관계 형성은 실패할 수 있습니다.

2. 라포(Rapport) 형성

상담 전도자가 피전도자를 처음 만나게 되면 피전도자는 상담 전도자를 경계하는 경우가 많습니다. 피전도자는 자기 보호를 위해 방어기제를 사용합니다. 불친절한 태도, 반대로 지나친 친절, 상담 전도자와 거리를 두기 위해 형식적인 말, 전도 용품을 드렸을 때 거절 등의 태도를 보이는 경우가 많습니다. 이는 당연합니다.

피전도자가 상대방을 처음 만나게 되었으니 쉽게 상담 전도자를 신뢰할 수 있을까요?

따라서 이 단계에서 상담 전도자는 피전도자를 향해 너무 가까이 다가서거나 친절함을 보이지 말아야 합니다. 상담 전도자가 가까이 다가서면 피전도자는 거부감을 갖을 수 있습니다. 또한, 자칫하면 피전도자는 위협감을 갖을 수 있습니다. 상담 전도자는 미소를 통해 친근감을 표현하고 적절히 눈 맞춤을 하고, 편안하게 대해 주어 정서적 안정감을 갖게 해 주어야 합니다.

상담 전도자는 피전도자와 대화를 할 때는 미러링(Mirroring)과 감정 반영을 적절히 해 주어야 합니다. 미러링은 피전도자의 몸짓, 표정, 어조, 말투 등을 재진술함으로써 피전도자와 정서적으로 연결감을 높이는 데 효과가 있습니다. 상담 전도자가 피전도자에게 공감 반영을 적절히 해주면, 피전도자는 자신의 말을 잘 듣고 있다고 생각합니다.

라포형성을 위해 상담 전도자 자신이 누구인지 피전도자에게 먼저 밝히는 것이 중요합니다. 물론, 상담 전도 관계를 맺기 전 이미 상담 전도자가 누구인지 피전도자는 다 알게 됩니다. 즉, 상담 전도자가 어디에서 왔고, 무슨 일 때문에 자신을 만나려고 하는지 다 알게 됩니다. 상담 전도자가 피전도자에게 자신의 정보를 알려 주면, 초기 신뢰 형성에 도움이 됩니다.

라포(Rapport)란 사람 간의 상호 신뢰 관계를 의미하는데, 이는 라포형성은 대인 관계에서의 신뢰와 유대감을 형성하는 중요한 과정입니다. 상담 전도자와 피전도자 간의 라포형성은 상담 전도자가 피전도자를 만나는 순간부터 시작됩니다. '첫인상이 중요하다'라는 말은 첫인상이 라포형성에 큰 역할을 한다는 뜻입니다.

그러므로 상담 전도자는 피전도자를 만나는 순간을 매우 중요하게 여겨야 합니다. 피전도자에게 호감을 주는 인상이어야 합니다. 몸을 단정히 하고 공손한 말과 행실로 거부감이 들지 않도록 해야 합니다. 처음 만날 때부터 복음을 전하려고 하면 오히려 거부감을 일으킬 수 있습니다. 이것은 라포 형성에 도움이 되지 않습니다.

칼 로저스는 신뢰할 수 있는 관계 형성이야말로 상담에서 가장 중요한 요인이라 했습니다. 이 말은 백번 지당한 말입니다.

왜냐하면, 피전도자는 상담 전도자가 누구인지도 모르는데 무엇을 믿고 자기 마음을 열 수 있을까요?

어떻게 자기 문제를 꺼내놓을 수 있을까요?

따라서 상담 전도자는 상담 전도를 하기 전 가장 먼저 라포형성부터 해야 합니다. 라포형성은 상담 전도의 승패를 좌우합니다. 라포형성의 지름길은 이해, 공감, 수용입니다. 피전도자가 무슨 말을 하든 무조건적으로 이해, 공감, 수용해 주어야 합니다. 상담 전도자는 피전도자의 말에 옳고 그름을 따져서는 안 됩니다.

어떤 전도자는 피전도자를 처음 만날 때부터 피전도자의 말, 즉 그 말이 옳으니 틀리니 토를 달며 논쟁합니다.

그러면 그 결과는 어떻게 될까요?

다시는 피전도자가 상담 전도자를 만나려고 하지 않을 것입니다. 설사 피전도자의 말이 옳지 않다 할지라도 다 들어주고 공감해 주어야 합니다. 우리는 공감보다 옳고 그름을 판단하는 것에 정서를 반영해 주는 것보다 자기 생각을 먼저 말하는 것에 더 익숙해 있습니다. 그러나 진정한 이해와 공감은 옳고 그름을 판단하는 것이 아니라 정서를 먼저 반영해 주는 것이 진정한 공감입니다.

상담 전도자는 피전도자에게 심리적으로 억압하는 말을 하면 안 됩니다. "당신이 참으세요", "그런 행동은 하지 마세요"와 같은 말은 피전도자에게 고통을 줄 뿐입니다.

상담 전도자는 상담 전도 초기에 복음 제시하는 것을 자제해야 합니다. 예수님에 대해 전혀 알지 못한 사람이라면 더욱 그렇습니다. 왜냐하면, 복음 제시 그 자체가 부담될 수 있기 때문입니다. '복음 제시'는 피전도자가 복음을 받아들일 준비가 되어 있을 때 전해야 합니다. 복음을 억지로 받아들이게 할 수는 없기 때문입니다, 상담 전도자와 피전도자 사이에 신뢰 관계가 충분히 형성되는 것이 우선입니다.

간혹, 어떤 상담 전도자는 너무 전도에 대한 열정이 많아 초면부터 복음을 제시하는 경향이 있습니다. 전도에 실패하는 이유 중에 하나가 바로 이런 부분입니다. 따라서 상담 전도자는 피전도자와의 신뢰 형성이 충분히 되었다고 느껴질 때 복음을 제시해야 합니다.

또한, 상담 전도자는 다음과 같은 사항을 잘 갖추어야 합니다.

- 상담 전도자는 진실해야 합니다.
- 상담 전도자는 거짓말을 하거나 비난받을 행동을 해서는 안 됩니다.
- 상담 전도자는 약속을 잘 지켜야 합니다.
- 상담 전도 시간은 잘 지켜야 합니다. 상담 전도 시간을 잘 지키는 것은 라포형성에 중요한 요소입니다.
- 상담 전도자는 사소한 것 하나라도 신경을 써야 합니다.
- 상담 전도자는 자신을 숨겨서도 안 됩니다.
- 상담 전도자는 자신에 대한 내러티브를 적절히 공개하여 피전도자가 궁금한 것을 충족시켜주어야 합니다.

- 상담 전도자는 도덕성에 문제가 없어야 합니다. 어떤 피전도자들은 교회 지도자와 성도들의 도덕성에 대해 비판합니다. 그들의 비판은 다 일리가 있습니다. 그럴 때마다 교회 지도자라는 이유로 얼굴을 들 수가 없습니다.
- 상담 전도자는 하나님 앞에서뿐만 아니라 피전도자 앞에서 도덕적으로 흠이 없어야 합니다. 거룩하고 성결해야 합니다. 성경은 '내가 거룩하니 너희도 거룩하라'고 말씀했습니다(레 11:4; 벧전 1:16). 상담 전도자의 거룩하고 성결한 모습을 통해 피전도자는 현재 자기의 모습을 알아차리게 됩니다.
- 상담 전도자는 다양한 사회적 계층의 피전도자들을 차별하지 말고 공평하게 대해 주어야 합니다. 하나님은 공평하신 하나님이십니다. 하나님은 사람을 차별하지 않으신 분이십니다. 하나님은 어린이나 어른이나 남자나 여자나 가난한 자나 부한 자나 권력이 있는 자나 없는 자나, 자국인이나 외국인이나 차별하지 않으신 분이십니다(골 3:11, 참고).

상담 전도자가 만나는 사람들은 다양한 신분을 가지고 있습니다. 상담 전도자는 이들의 신분에 따라 달리 대하지 말고 공평하게 대해주어야 합니다. 상담 전도자들은 자신을 통해 하나님의 공평하심을 들어내어야 합니다.

> 이같이 너희 빛이 사람 앞에 비치게 하여 그들로 너희 착한 행실을 보고 하늘에 계신 너희 아버지께 영광을 돌리게 하라 (마 5:16).

상담 전도자는 하나님의 성품을 드러내는 모델입니다.

피전도자가 하나님을 아는 유일한 길은 무엇일까요?

상담 전도자의 행실이 아닐까요?

상담 전도자는 부드러운 말투와 겸손함과 온유함으로 그리고 상냥하게 항상 웃는 모습으로 피전도자로 하여금 자신을 통해 하나님을 알게 해야 합니다.

피전도자에 대한 관심과 사랑은 피전도자의 마음을 변화시킵니다. 피전도자는 사슴이 시냇물을 쫓아 갈급함과 같이 상담 전도자의 사랑에 갈급해 있습니다. 진실로 피전도자에 대한 간절한 사랑 없이 상담 전도는 불가능합니다. 라포형성은 하나님의 간절한 사랑을 얼마나 베풀었느냐에 달려 있습니다.

제4장

상담 중기

주호소 문제의 뿌리는
부모의 양육 방식에서 찾을 수 있습니다.
부모의 양육 방식을 들여다보면,
현재의 주호소 문제와 관련하여
주호소 문제의 뿌리를 발견할 수 있습니다.

정서중심상담 전도의 중기 단계는 돌봄 단계입니다. 돌봄 단계는 정서중심상담 전도에서 가장 중요한 부분입니다. 이 단계에서 가장 먼저 행해야 할 것이 피전도자의 주호소 문제를 파악하는 것입니다.

그리고 피전도자의 주호소 문제의 촉발 요인과 유지요인을 탐색하고 주호소 문제에 대해 명료화, 구체화해야 합니다. 이를 위해 피전도자에 대한 수집된 기본적인 정보가 매우 중요합니다.

그다음 상담 전도 진행에 대한 구조화와 주호소 문제에 따라 상담 전도 목표와 전략을 세워 그 전략에 따라 단계적으로 상담 전도를 진행해야 합니다.

1. 주호소 문제 파악하기

사람은 누구나 스스로 해결하기 힘든 현재의 어려운 주호소 문제를 안고 있습니다. 주호소 문제가 없는 사람은 아무도 없습니다. 그러나 주호소 문제를 해결할 방법을 몰라 고통을 겪고 있는 사람이 참 많습니다.

주호소 문제는 한 문장으로 표현할 수 있습니다. 주호소 문제는 생각과 정서로 구성되어 있습니다. 생각이 원인이라면 정서는 결과입니다.

주호소 문제는 다음 예시와 같습니다.

"어렸을 때 엄마와 아빠가 이혼해 같이 살고 있지 않지만, 엄마만 생각하면 화가 나고 우울해요."
"시험만 생각하면 불안해요."
"나도 잘 모르겠어요. 우울감 때문에 미치겠어요."
"동생이 한 말을 생각하면 화가 치밀어요."
"남편이 나에게 해댄 것을 생각하면 밉고 이혼하고 싶어요."

이와 같이 주호소 문제는 한 문장으로 표현할 수 있으며 생각과 정서로 구성되어 있습니다. 그러므로 피전도자의 주호소 문제를 한 문장으로 표현하게 하는 것도 좋은 방법입니다. 이는 피전도자의 주호소 문제를 명료화하는 데 도움이 됩니다.

그러면 이 주호소 문제를 해결하는 데 어떻게 도움을 줄 수 있을까요?

주호소 문제는 뿌리가 있습니다. 그러므로 주호소 문제를 해결하려면 먼저 주호소 문제를 일으키는 근원적인 뿌리를 찾아가야 합니다. 주호소 문제의 뿌리는 부모의 양육 방식에서 찾을 수 있습니다.

부모의 양육 방식을 들여다보면, 현재의 주호소 문제와 관련하여 주호소 문제의 뿌리를 발견할 수 있습니다. 그리고 주호소 문제의 촉발요인과 반복되는 패턴을 찾아봄으로써 주호소 문제를 명료화할 수 있습니다.

사람들은 현재의 주호소 문제의 뿌리를 잘 알아차리지 못한 경우가 많습니다. 작은 일에도 화를 내거나 과다하게 불안을 느끼거나 우울하거나 할 때 이러한 정서적인 문제가 어디에 뿌리를 두고 있는지 알지 못한 채 '본래 나는 이런 사람이야'라고 단정해 버리는 경우가 많습니다. 그러면 이러한 주호소 문제로 인해 피전도자는 계속 고통을 겪게 됩니다.

따라서 상담 전도자는 피전도자의 주호소 문제를 파악하고 그때그때 해결해 주는 것이 좋습니다. 주호소 문제를 파악하는 것은 상담 전도자가 피전도자의 고통에 대해 알고 무엇을 도와줄지 결정하기 위함입니다.

2. 정서중심상담 전도 구조화

정서중심상담 전도 구조화를 하는 것은 상담 전도가 잘 진행되기 위한 것이라고 할 수 있습니다. 일반 상담에서 상담 구조화는 상담자와 내담자 간에 상호 협의를 중요시 여깁니다.

그러나 상담 전도 구조화는 상담 전도자와 피전도자 간에 상호 협의가 어렵습니다. 피전도자가 상담 전도자에게 상담 전도를 요청한 경우에는 가능하지만, 상담 전도자와 피전도자 간에 상담 전도 관계가 형성되지 않으면 불가능합니다.

상담 전도 구조화는 상담 전도자 혼자 만으로 가능합니다. 이는 상담 전도 구조화가 상담 전도 계획의 성격을 띠기 때문입니다. 피전도자가 상담 전도자에게 상담 전도를 요청한 경우, 상담 전도자는 상담 전도에 대한 기본 정보에 따라 상담 전도의 날짜와 시간, 장소, 상담 진행 시간 그리고 주호소 문제를 어떻게 해결해 나가야 할지 방법을 공유합니다.

3. 정서중심상담 전도 목표와 전략

정서중심상담 전도를 시작함에 있어서 상담 목표를 세우는 것은 매우 중요합니다. 목표를 세우지 않으면, "배가 산으로 올라간다"는 말이 있듯이 상담이 엉뚱한 방향으로 갈 수 있습니다. 그러면 전도라는 최종 목표에 다다를 수 없습니다.

정서중심상담 목표는 구체적이고, 실현가능해야 합니다. 만일 그렇지 않다면 상담에 혼선을 가져올 수 있습니다. 정서중심상담 목표가 분명해야 상담 전략을 계획적으로 세울 수 있습니다. 일반 상담에서는 상담 초기에 상담 목표와 전략을 세웁니다.

예수님은 사역을 하시기 전에 먼저 열두 명의 제자를 부르셨습니다. 그리고 예수님은 전도할 때 두 명씩 짝을 지어 보내셨습니다. 그리고 그들에게 병을 고치시는 능력을 주셨습니다. 그리고 복음을 전하도록 하셨습니다. 예수님은 새벽이면 산에 올라가서 기도하시고, 낮이면 그의 제자들과 함께 전략대로 각각의 고을을 다니시면서 복음을 전하셨습니다.

그리고 때가 이르자 예수님은 십자가에 못 박혀 죽으시고 사흘 만에 다시 살아나셨습니다. 예수님의 전도 전략은 철저했습니다. 이것이 예수님이 복음을 전하는 목표이며 전략이었습니다.

정서중심상담 전도는 목표가 분명하고 전략 또한 구체적이어야 합니다. 일반 상담은 상담 초기에 내담자의 주호소 문제 촉발요인, 주호소 문제 유지 요인 그리고 자기 주호소 문제에 어떻게 대처하고 있는지 파악합니다. 그런 후 내담자의 주호소 문제에 근거하여 목표와 전략을 세웁니다.

정서중심상담 전도도 일반상담과 같이 먼저 피전도자의 주호소 문제와 유지 요인을 먼저 파악하고 세우고 목표와 전략을 세웁니다. 정서중심상담 전도의 목표는 일반 상담과는 달리 피전도자의 주호소 문제를 해결과 피전도자에게 복음을 전해 교회로 인도해야 하는 단계까지 나아가야 합니다. 왜냐하면, 정서중심상담 전도의 최종 목표는 피전도자에게 복음을 전해 그를 교회로 인도해야 하기 때문입니다.

정서중심상담 회기는 정해져 있지 않습니다. 그러나 상담 전도자는 정서중심상담을 어디까지 끌고 갈 것인가에 대해 대략적으로나마 상담 회기를 설정해야 합니다. 언제부터 언제까지, 몇 회기에 걸쳐 상담해야겠다는 전략을 세워야 합니다. 그렇지 않으면 정서중심상담 전도가 막연하게 흘러갈 수 있습니다.

상담 전도자는 상담 전략을 문서로 기록하는 것이 좋습니다. 이를 사례개념화라고 하는데, 사례개념화는 정서중심상담 전도에서 전도계획과 같은 것입니다. 필자는 전도계획이라는 말보다 사례개념화란 말을 그대로 사용하겠습니다. 사례개념화는 상황에 따라 바뀔 수도 있습니다. 즉, 초창기의 사례개념화는 피전도자의 삶에 영향을 받기 때문입니다.

따라서 사례개념화는 수정될 수 있으므로 융통성 있게 진행되어야 합니다. 필자는 상담 전략에서 다루어야 할 10가지 구성요소를 통해 S 부인의 사례를 가지고 상담 전략을 어떻게 세우는지 그 방법을 제시하겠습니다.

다음은 S 부인의 사례입니다.

> 저는 강원도 탄광에서 일을 하다가 남편의 폭력 때문에 아들을 데리고 서울로 도망쳐 나왔어요. 서울에서 식당 종업원으로 일을 하다가 식당이 부도가 나자 이곳까지 내려와 재혼과 함께 식당을 개업하게 되었어요. 열다섯 평 남짓 되는 작은 식당이지만, 장사가 잘되어서 지금의 남편이 식당 일을 돕고 있어요.
>
> 남편은 주로 주방에서 서빙과 계산대를 지켜요. 그런데 남편이 내 말을 잘 알아듣지 못하면 왜 그리 화가 나는지 모르겠어요. 남편이 내 말을 잘 알아듣지 못하면 호통을 치고 화를 내요. 그래도 남편은 화를 한 번도 내지 않고 느리지만 식당 일을 묵묵히 해요.

그런데 가끔 제가 심하게 화를 내면 집을 나가곤 했어요. 이번에도 남편이 집을 나갔고 며칠 동안 집에 돌아오지 않고 있어요. 남편이 서울에 사는 친구들에게 갔어요. 남편 친구가 전화해서 알게 되었어요. 화가 나지만 불안해요. 남편이 돌아오지 않을까 봐 불안해서 살 수가 없었어요. 그래서 식당 일이 끝나면 매일 술을 마시며 지내고 있어요. 내 마음은 지금도 불안해요. 남편은 나와 살고 싶은 생각이 없을 거예요. 날 싫어할 거예요. 내 성질이 너무 더럽고 못됐기 때문에요. 그런데 나는 남편이 좋아요. 사랑해요. 그런데 왜 남편에게 욕을 하고 화를 내는지 모르겠어요.

다음은 S 부인의 사례를 사례개념화한 것으로, 통합적인 성격을 가지고 있습니다. 이 사례개념화는 일반 상담에서 구성된 것과는 다릅니다. 정서중심상담 전도를 위한 것이며, 피전도자 가족의 종교 여부와 본인의 신앙 경험이 포함되어 있습니다.

〈정서중심상담 사례개념화〉

피전도자 이름	내용	
피전도자 정보	1) 초등학교 졸업. 2) 65세, 여, 식당 운영. 3) 고향: 강원도. 4) 24평 아파트에 거주. 5) 종교: 처녀 때 교회를 다녀 본 적이 있음. 6) 본 남편은 심장병으로 40대에 사망. 7) 1남 3녀(아들은 40세로 베트남 여자와 결혼, 이혼).	
가족 관계	1) 현 남편(67세)-중졸, 북한 황해도, 피란민. 아버지와 함께 5세쯤 남한으로 피란(기독교, 상담 전도자 출석교회 다님). 2) 아들(37세)-최근 베트남 여자와 결혼(무교). 첫째 딸(45세)-결혼, 둘째 딸(40세)-결혼(기독교).	
주호소 문제	1) "시키는 일을 느리게 하거나 잘 알아 듣지 못하면 화가나요." 2) "남편이 말없이 서울에 올라가면 화나기도 하고 불안해서 살 수가 없어요."	
유지 요인에 따른 인지 정서 행동 반응	1) 남편이 무슨 일을 하다 실수하면 남편에게 호통치고 분노 표출. 2) 남편이 말없이 하루 종일 보이지 않으면 안절 부절 못함. 3) 식당 일에 남편에게 의존적임.	
	부적응적 인지, 정서	1) 흑백논리, 과잉일반화 2) 부적응적 애착 3) 남편에게 반복적인 분노 표출
	부적응적 행동	1) 남편을 욕하고 술을 마시며 몇 시간이고 자기 신세를 한탄함. 2) 수면 장애를 보임.
강점 및 자원	1) 음식 솜씨가 좋고 근면 성실함. 2) 다른 사람을 불쌍히 여김-노숙인들에게 식사 제공. 3) 모든 일처리를 정의롭게 행하려고 노력함. 4) 교회에 대해 좋은 인식과 신앙을 거부하지 않음. 5) 상담 전도자에 대해 좋은 인식과 대우.	

적응적 패턴	1) 몸이 아프지만 않으면 쉬지 않고 식당 일을 함. 2) 남편이 집/가게에 있으면 편안하고 안정감을 느낌.
상담 전도 목표	1) 핵심감정을 통찰하여 자각하게 하고 남편과의 관계 개선. 불안의 수치를 낮춤. 2) 적절한 시기에 복음을 전하여 교회로 인도함.
상담 전도 전략	1) 피전도자를 위한 기도. 2) 상담 회기 및 주기 날짜. 3) 부적응 정서 탐색 및 적응 정서 확장. 4) 인지 재구조화 및 행동 수정. 5) 말씀 묵상과 상담. 6) 끊임없이 하나님의 사랑으로 대체 형성.
복음 제시	1) 믿음의 확신 확인. 2) 복음제시.
교회 인도	1) 복음을 듣고 예수님을 영접하면 교회로 인도. 2) 말씀과 묵상 프로그램을 통해 양육.

4. 정서중심상담 전도 일지 쓰기

상담 전도자는 정서중심상담 전도 회기마다 다음의 사항을 상담 일지를 기록함으로써 상담 효과를 높일 수 있습니다.

- 정서중심상담 전도가 언제 시행되었는가?
- 주호소 문제가 어떻게 해결되어 가고 있는가?
- 상담 전도 과정에서 방해 요소가 없었는가?
- 피전도자의 상담에 대한 반응은 어떠한가?

- 새로운 주제 또는 특이 사항은 없는가?
- 이번 회기에서의 상담 성과는 무엇인가?

다음은 정서중심상담 전도 일지 예시이다.

<정서중심상담 전도 일지>

상담 일시 (회기 수)	20 . . . 요일 (: ~ :) ___ 회기		
상담 전도자		피전도자	
(1) 주호소 문제			
(2) 상담 내용			
(3) 상담 방해 요인			
(4) 평가			
(5) 준비물 (전도 용품)			
(6) 기도			
기타(특이 사항)			

정서중심상담 전도 일지에 기록할 내용을 항목별로 살펴보면 다음과 같습니다.

(1) 주호소 문제
상담 전도자와 피전도자가 함께 해결해야 할 문제를 말하며 다음과 같은 정서적인 고통에 대한 것입니다.

"남편이 외도를 해서 화가 나고 우울해요."
"오늘도 엄마가 나에게 욕을 하며 집을 나가라고 해서 무섭고 두려워요."
"요즈음 장사가 잘되지 않아 가게 문을 닫지나 않을까 불안해요."
"친구가 나에게 왕따를 해서 화가 나요."
"남편이 직장에서 일하다가 다쳐서 마음이 아파요."

(2) 상담 전도 내용
상담 전도에 임한 피전도자의 태도(라포형성, 성실성, 진실성, 주호소 문제를 극복하고자 하는 적극성)에 대해 기록합니다.

- 피전도자가 상담에 적극적인가? 소극적인가?
- 상담 전도자의 말에 반항적이거나 회피적인가?

또한, 정서중심상담 전도 진행 과정, 즉 피전도자에게 일어난 사건과 이에 따른 피전도자의 생각과 정서적 경험 및 행동을 요약하여 기록합니다. 그리고 이에 대한 대처방안으로 어떻게 정서를 경험하도록 도왔는지를 기록합니다.

- 피전도자의 정서적 경험과 정서 처리 방식, 즉 피전도자가 어떤 유형의 정서(기쁨, 분노, 슬픔, 우울 등)를 경험하고 있으며 말과 행동에 있어 자신이 경험한 정서를 어떻게 표출하는가?
- 자신이 경험한 정서를 억압하거나 회피하는지, 자신의 정서를 알아차리고 자신의 정서적 경험을 합리적으로 조절하려 하는가?
- 상담 전도자의 말에 공감하고 수용하는가?
- 상담 전도자가 부여한 과제를 잘 수행하고 있는가?

(3) 상담 방해 요인

상담 방해 요인은 다음의 내용을 예로 들 수 있습니다.

상담 과정에서 상담 전도 거부, 다른 사람의 물리적 개입, 질병, 갑작스러운 상황 발생, 상담 시간을 지키지 않음, 날씨의 영향 등의 저항 혹은 방해 요인이 있었는가?

특히, 저항 혹은 방해 요인들을 자세히 기록하면 다음 상담 전도에 큰 도움이 됩니다. 상담 전도 저항 혹은 방해 요인들은 언제든지 일어날 수 있습니다. 상담 전도자는 이러한 여건을 충분히 고려하여 탄력적으로 상담 전도에 임해야 합니다.

(4) 평가

상담 전도 회기 때마다 상담의 목표와 상담 전략이 잘 진행되고 있는지에 대한 평가로 다음과 같은 내용을 기록합니다.

- 상담 전도자가 전문성을 가지고 상담 전도에 얼마나 적극적으로 임하였는가?
- 상담 전도 진행 전략에 문제가 없는가?
- 공감과 감정 반영을 잘해 주었는가?
- 상담 전도의 주제를 잘 파악하고 충분한 상담이 이루어졌는가?
- 피전도자의 말을 잘 이해하고 수용해 주었는가?
- 피전도자의 정서 경험을 잘 탐색하고 피전도자가 정서를 적응적으로 표출할 수 있도록 도왔는가?
- 상담 전도자가 피전도자를 무시하고 자신의 말만 하지 않았는가?
- 피전도자를 억압하지 않고 사랑으로 잘 대해 주었는가?
- 다음 상담을 위해 약속의 단서를 제공하였는가?

(5) 준비물

상담 전도를 위한 간단한 보조품으로써 필요한 전도 용품을 기록합니다.

(6) 기도

상담 전도자는 상담이 끝나면 반드시 피전도자를 위해 기도해야 합니다.

- 상담 전도가 목표와 전략대로 잘 진행될 수 있도록
- 저항과 방해 요인이 발생하지 않도록
- 상담 전도를 통해 피전도자가 하나님의 사랑을 충분히 경험하도록
- 피전도자가 시험에 들지 않도록
- 피전도자에 대한 관심과 상담 전도자의 사랑이 식어지지 않도록
- 성령님이 상담 전도를 이끌어 주시도록

마지막으로 상담 전도자 자신을 위해서도 기도해야 합니다. 이는 매우 중요합니다.

5. 피전도자의 문제 탐색

1) 핵심감정 탐색하기

양파는 여러 겹으로 둘러싸여 있습니다. 양파의 겉면부터 한겹 한겹 벗기면 마지막 중심에는 알맹이와 같은 것이 있습니다. 이 알

맹이와 같은 것은 양파가 다 자랄 때까지 영양분을 제공합니다. 핵심감정은 양파의 가장 내부에 있는 알맹이와 같은 것입니다. 핵심감정은 우리의 전 생애를 통하여 우리의 삶을 지배하고 영향을 미칩니다. 이는 자양분과 같은 것입니다.

그러나 우리는 핵심감정을 알아차리지 못하고 살 때가 많습니다. 자신이 왜 이러한 현재의 정서적 경험을 하며 사는 것인지 알지 못할 때가 많습니다. 왜냐하면, 핵심감정은 너무 멀리 떨어져 있기 때문입니다. 핵심감정은 주로 어린시절에 형성됩니다. 따라서 나이가 들어 현재의 삶을 살아가는 우리는 옛날 나의 감정을 알아차리기란 쉽지가 않습니다.

그러나 핵심감정은 어린시절 부모와의 관계를 탐색하면 알 수 있습니다. 다음의 그림은 핵심감정의 위치와 핵심감정에 의해 발생한 현재의 주호소 문제를 설명하기 위한 그림입니다. 이 그림에서 알 수 있듯이 핵심감정은 마음의 무의식 가운데서 가장 안쪽, 즉 중심에 위치해 있습니다.

우리는 어린시절 부모의 양육과정을 탐색함으로 핵심감정이 어떻게 형성되었는지, 그 핵심감정이 현재의 정서적 경험에 어떤 영향을 미치고 있는지 알 수 있습니다.

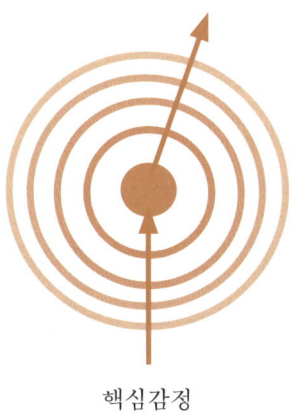

앞서 언급했듯이 핵심감정은 주로 어릴 때 부모의 양육과정에서 형성됩니다. 주로 7세 이전에 핵심감정이 모두 형성됩니다. 부모의 양육 태도에 따라 긍정적인 혹은 부정적인 핵심감정이 형성됩니다.

그러나 핵심감정이 긍정적이든 부정적이든 어느 한쪽에 치우치지 않고 적절하게 형성된 사람은 현재의 정서 경험을 적절히 조절할 능력이 있습니다. 이 말은 핵심감정이 긍정적이든 또는 부정적이든 한쪽에 치우쳐 형성된 사람은 자신의 정서를 조절할 능력이 부족하다는 의미이기도 합니다.

예를 들면, 아주 어릴 때부터 가족 폭력에 고통을 받은 사람은 대인관계에서 피해의식에 사로잡혀 있으며 대상에 대해 의심하거나 분노와 불안 등의 부적응적인 정서적 경험으로 인해 상호 긍정적인 인간관계를 하기가 어렵습니다.

핵심감정은 강력한 에너지를 가지고 있습니다. 특히, 부정적인 핵심감정은 더욱 그렇습니다. 이러한 부정적인 핵심감정은 개선되기 어렵습니다. 다만, 새로운 긍정적인 감정이 대체 형성되면 부정적인 핵심감정은 제 기능을 하지 못합니다.

나중에 언급하겠지만, 상담 전도에서 가장 중요한 새로운 정서는 하나님의 사랑입니다. 피전도자가 이 새로운 하나님의 사랑을 경험하면 정서적 변화를 일으키게 됩니다. 이러한 변화를 통해 예수님을 영접하도록 하는 것이 상담 전도 목표입니다.

핵심감정은 반복되는 패턴을 보입니다. 이 말의 의미는 어릴 때 이미 핵심감정이 어떤 사건 혹은 상황에 따라 반복적으로 일어난다는 것입니다. 만일, 이때 핵심감정이 부정적인 핵심감정이라면 자신뿐만 아니라 주변 사람들에게 막대한 피해를 끼칩니다.

핵심감정은 사고의 영향을 받습니다. 즉, 사고가 왜곡되어 있다면 핵심감정 또한 왜곡되어 표현됩니다. 이런 사람은 화를 내지 않아야 할 상황에서 화를 내거나 불안하지 않아도 될 상황에서 극도로 불안한 모습을 보입니다.

따라서 상담 전도자는 피전도자에게서 반복되는 핵심감정의 패턴을 찾아 그와 관련된 어릴 때의 삶의 경험을 탐색하여 핵심감정을 찾아내고 구체화하는 것이 중요합니다. 그러면 피전도자의 핵심감정을 어떻게 찾아내고 구체화할 수 있을 것인지 다음 사례를 통해 확인해 보고자 합니다.

핵심감정 파악하기

- 피전도자 1: 이번에 자격증 시험이 있는데 긴장되고 불안해요.
- 상담 전도자 1: 자격증 시험에 떨어질까 봐 긴장되고 불안하다는 말씀이군요?
- 피전도자 2: 네. 그런 것 같아요.
- 상담 전도자 2: 그러면 이런 불안을 어린 시절에도 느껴보신 적이 있으셨나요?
- 피전도자 3: 아마도 … 제 기억으로는 6살 때 같은데 아버지가 술을 드시고 밤늦게 들어오셨어요. 그때 나와 동생들은 한방에서 잠을 자다가 깨어났어요. 아버지는 엄마에게 물을 달라고 하시면서 아무 물건이나 집어 던지셨어요.
- 상담 전도자 3: 그때 J 씨(피전도자) 마음은 어땠는지 기억나세요?
- 피전도자 4: 그냥 도망가고 싶었어요. 그런데 도망갈 수 없었어요. 엄마가 아빠에게 맞을까 봐 내가 보호해 주어야겠다는 생각이 들었어요.
- 상담 전도자 4: 그 상황에서도 엄마를 보호해 주려는 생각이 들었네요? 아빠가 무섭다는 생각이 안 드셨어요?
- 피전도자 5: 엄청 무섭고 불안했지만, 어쩔 수 없었어요. 엄마를 보호하려면 …
- 상담 전도자 5: 아, 그러셨군요. 정말 힘드셨겠어요. 얼마나 무섭고 불안하셨어요? 그 상황이 어떻게 되었는지 기억나세요?
- 피전도자 6: 자세한 것은 기억나지 않지만, 엄마가 아이들을 안고 다른 방에서 울고 있는 모습이 기억나요.
- 상담 전도자6: 그때 일을 생각할 때 아버지에 대해 어떤 마음이 드세요?
- 피전도자7: 아버지가 정말로 무서워요. 지금은 아버지가 돌아가셨지만, 아직도 아빠를 생각하면 무서운 느낌이 들어요.

필자가 정서중심상담 전도를 하다 보면 주호소 문제로 삶의 행복을 느끼지 못하고 고통을 느끼는 피전도자들을 많이 만나게 됩니다.

상담 전도자는 이들을 돕기 위해서 먼저 핵심감정을 탐색해야 합니다. 상담 전도자는 어릴 때 피전도자에 대한 부모의 양육과정으로 인한 핵심감정의 형성과정을 살펴보아야 합니다. 즉, 피전도자의 부모와 심리적 역동적 관계, 즉 부모의 양육과정에서 형성된 역기능적 자동적 사고와 그때 느꼈던 여러 감정을 면밀하게 살펴보아야 합니다.

신생아는 인지 기능이 미발달되어 있기 때문에 감각에 의존합니다. 즉, 신생아는 본능적으로 엄마의 젖을 찾습니다. 그리고 영아는 엄마의 젖을 찾게 되면 안정감을 느끼고, 세상에 태어나서 처음으로 엄마와 새로운 관계를 맺게 됩니다.

신생아의 나이 만 1세쯤 되면 신생아의 사고 능력은 급격히 향상되고, 기본 정서는 2차 정서로 분화됩니다. 아이가 만 2세쯤 되면 대상의 반응에 따라 감정을 표현할 수 있고 조절할 수 있게 됩니다. 이 말은 어느 정도 핵심감정이 형성되고 있음을 의미합니다.

아이가 만 3-7세쯤 되면 대상에게 자기 생각과 감정을 정확히 표현할 수 있습니다. 보통 핵심감정은 만 7세가 되면 완성됩니다. 이때 형성된 핵심감정은 평생 동안 영향을 미칩니다.

따라서 피전도자의 핵심감정을 살펴보기 위해서는 어릴 때 부모의 양육과정에서 경험했던 정서적 역동을 살펴보아야 합니다. 그리고 상담 전도자는 피전도자의 핵심감정을 분류해서 명료화해야 합니다. 다시 말해 피전도자가 어릴 때 부모와의 관계에서 경험한 정서적 역동을 사건/상황, 사고(생각), 정서, 행동 순서로 분류하여 명료화해야 합니다.

예를 들면, 피전도자가 장난감을 가지고 동생과 싸울 때, 엄마가 자기만 야단쳐 화가 나 장난감을 부셔버렸다면, 상담 전도자는 피전도자의 말을 듣고 당시의 사건에 대해 '동생과 싸움 → 분노 → 장난감을 부숨'의 순서로 분류할 수 있습니다. 이를 통해 피전도자의 분노라는 정서가 어떤 과정을 통해 표출되었는지 알 수 있습니다.

상담 전도자는 어릴 때 부모와의 관계에서 형성된 감정들을 분류, 분석하는 것이 필요합니다. 그러나 피전도자가 어릴 때 핵심감정을 모두 다 기억하는 사람은 별로 없습니다. 그러나 중요한 것은 많은 사건을 기억하고 있는 것이 아니라 '피전도자가 부모의 양육 과정에서 경험한 심리적인 역동이 어떠하였는가?'입니다.

만일 피전도자가 부모와의 심리적 관계가 부정적이라면, 대체로 피전도자의 핵심감정은 부정적인 핵심감정일 수 있습니다. 반면 피전도자의 부모와의 심리적 관계가 긍정적이라면, 피전도자의 핵심감정은 긍정적인 핵심감정일 수 있습니다.

사람은 성장 과정에서 여러 가지 트라우마를 경험하게 됩니다. 이러한 트라우마는 핵심감정에 부정적인 영향을 미칩니다. 그러나 어느 순간에 긍정적인 새로운 정서가 개입되면 부정적인 핵심감정의 에너지는 약화될 수 있습니다.

따라서 상담 전도자는 일차적으로 피전도자의 핵심감정을 탐색하되 성장 과정에서 경험한 트라우마나 긍정적인 새로운 정서적 경험이 없는지 살펴보아야 합니다.

다음은 핵심감정을 탐색하기 위한 몇 가지 질문입니다.

> 1. 최근 당신이 경험한 사건을 생각나는 대로 말씀해 주시겠습니까?
> 2. 현재 이 사건과 관련하여 어떤 감정이 떠오르는지 자세히 말씀해 주시겠습니까?
> 3. 현재 느끼는 감정 때문에 신체화 현상이 있는지 말씀해 주시겠습니까? (긴장 여부, 심장 박동, 수면 방해 등.)
> 4. 당신이 지금의 감정을 느낄 때 떠오르는 어렸을 때의 사건들이 있다면 말씀해 주시겠습니까? (예: 아버지의 폭행, 어머니가 돌보지 않고 집을 나감 등.)
> 5. 현재 당신이 느끼는 지금의 감정을 어렸을 때도 느껴본 적이 있었다면 말씀해 주시겠습니까? (분노, 슬픔, 불안, 우울 등.)
> 6. 그 감정이 지금도 지속되고 있습니까? 그렇다면 이 감정을 어떻게 표출하고 싶습니까?
> 7. 지금의 행동이 현재 나에게 어떤 의미가 있으며 얼마나 중요한지 말씀해 주시겠습니까?

상담 전도자는 위의 질문을 통해 피전도자의 핵심감정을 파악할 수 있으며, 이 핵심감정이 현재의 주호소 문제에 어떤 영향을 미치는지 알 수 있습니다. 반면 피전도자는 상담 전도자의 질문에 답변함으로써 자기가 왜, 무엇 때문에 현재의 충동이나 욕구가 일어나는지, 자신의 핵심감정을 감지할 수 있습니다. 상담 전도자는 탐색한 핵심감정을 피전도자로 하여금 자각하게 하고 적절히 대처하도록 해야 합니다.

2) 자동적 사고 탐색하기

상담 전도를 하다보면, 인지적 오류 때문에 왜곡하여 사고하는 있는 사람들을 종종 만나게 됩니다. 이런 사람들은 자기 생각이 절대적이며, 오류가 없다고 여깁니다. 이러한 피전도자와의 대화는 참 어렵습니다.

그러면 인지적 오류란 무엇인가?

사람은 독특하게 어떤 사건 혹은 상황에 대해 자신만의 해석방법을 가지고 있습니다. 따라서 사람은 자신만의 해석방법으로 사건 혹은 상황을 해석하려 합니다. 이러한 해석방법에 오류가 있다면 이것을 인지적 오류라고 합니다. 그런데 사람은 사건 혹은 상황을 어떻게 해석하느냐에 따라 생각이 결정됩니다. 즉, 생각은 사건 혹은 상황에 대한 해석에 달려있다는 것입니다. 똑같은 사건에 대해 어떤 사람은 부정적으로 해석하는 사람이 있는가 하면, 또 어떤 사람은 긍정적으로 해석하는 사람이 있습니다.

왜 이러한 일이 발생할까요?

인지가 이렇게 해석을 달리하는 데에는 자신만의 독특한 심리도식을 가지고 있기 때문입니다. 심리도식은 어떤 사건 혹은 상황을 해석하는 틀을 제공합니다. 심리도식은 주로 어렸을 때 부모의 양육과정에서 형성됩니다. 따라서 부모의 양육 태도가 어떠했는지에 따라 심리도식이 합리적으로 형성될 수 있고 비합리적으로 형성될 수 있습니다.

심리도식이 합리적으로 형성된 사람은 어른이 되어서도 자신의 문제를 합리적으로 해석합니다. 그러나 심리도식이 비합리적으로 형성된 사람은 어른이 되어서도 자신의 문제를 비합리적으로 해석합니다. 어떤 사실에 왜곡하거나 너무 지나치게 편향적인 부적응적 정서를 경험하고 있는 사람은 인지 오류를 의심해야 합니다.

사람은 누구나 자신의 심리도식에 따라 자동적으로 사고를 합니다. 이를 자동적 사고라고 합니다. 자동적 사고는 세 가지 특성, 즉 자동성, 신속성, 무비판적 수용성을 가지고 있습니다. 예를 들면, 어떤 사람이 "나는 존경받지 못한 사람이야"라고 생각했다면, 이 사람은 자신의 심리도식이 낮은 자존감으로 형성되어 있을 수 있습니다. 그러나 사고가 자동적으로 너무 빠르게 지나가기 때문에 자신이 어떤 사고를 하고 있는지 알아채지 못합니다.

부정적 자동적 사고는 여러 가지가 있습니다.

(1) **자의적 추론**: 충분하고 적절한 증거가 없이 비극적인 결말이나 최악의 시나리오를 써서 결론에 도달하는 것을 말합니다. 우리 주위에 이러한 사람들이 참 많습니다. 자의적 추론은 부적응적 정서, 즉 불안이나 분노를 일으킵니다.

(2) **선택적 추상화**: 사건의 일부 사항만을 기초로 결론을 내리고 전체 맥락 중에서 중요한 부분을 간과하는 것을 말합니다. 쉽게 말하면 일부 사항으로 나머지가 다 그렇다고 해석해 버리는 경우입니다. 상담 전도자는 상황을 종합적으로 해석하여 말해 줄 필요가 있습니다.

(3) **과잉 일반화**: 단일한 사건에 기초하여 다른 사건이나 상황에 부적절하게 일반화하는 경향이 있습니다. 예를 들면, 아버지가 폭력을 행했을 경우, 다른 아버지들도 다 그렇다 라고 생각하는 경우입니다.

(4) **극대화 혹은 극소화**: 어떤 일을 최대화하거나 최소화하는 것을 말합니다. 어떤 사람은 자신의 실수나 결점에 대해 실제보다 더 크게 생각하는 경향이 있고, 자신의 장점이나 다른 사람들의 문제는 축소하여 바라보는 경향이 있습니다. 이와 정반대로 생각하는 사람도 많습니다.

(5) **개인화**: 자신의 일과 상관 없는 다른 사람의 일을 자기의 일과 관련짓는 것을 말합니다. 개인화는 책임져야 할 사람이 아무도 없다는 가정을 내포합니다.

(6) **흑백 논리**: 이분법적 사고라고 하는데 이는 완전한 실패 아니면 완전한 성공밖에 없다는 사고입니다. 이러한 사고는 좋은 것이나 나쁜 것만 존재한다는 측면만 생각함으로 낮은 자존감을 불러일으킵니다.

(7) 정서적 추론: 자신의 정서적 경험에 의해 자신, 세계 혹은 미래를 추리하는 경향을 말합니다. 정서적 추론은 자신이 부적절하다고 느껴 자신을 쓸모없는 사람이라고 여깁니다.

(8) 파국화: 자신의 일에 대해 지나치게 걱정하는 것을 말합니다. 이를 다른 말로 재앙화라고도 합니다. 파국화는 자신이 행한 일이 별거 아님에도 불구하고 집안이 망한다거나 회사가 망할 것이라고 생각합니다.

사고는 감정을 유발합니다. 따라서 인지 오류가 있는 사고는 부적응적인 정서를 유발합니다. 따라서 상담 전도자는 피전도자가 인지 오류적인 사고를 한다면 합리적인 사고를 할 수 있도록 바로잡아주어야 합니다. 그러나 인지 오류를 바로잡기 위해서는 상당한 상담기술이 필요합니다.

3) 현재 정서 경험 파악

피전도자에 대한 현재의 정서경험을 파악하는 것은 피전도자의 정서를 어떻게 다루어야 할지 중요한 정보가 됩니다. 현재의 정서 경험을 파악하기 위해 필자가 제작한 〈정서 경험 작업지〉와 〈주간 정서 경험 척도〉를 소개하고자 합니다.

〈정서 경험 작업지〉를 통해 일주일 동안 피전도자가 어떤 정서 경험을 했는지 수치로 나타낼 수 있습니다. 이것을 〈주간 정서 경험 척도)로 나타내면 피전도자의 일주일 동안의 주요 정서 경험과 강도를 알 수 있습니다. 이러한 일을 하는 것은 피전도자의 정서적 경험을 보다 구체적으로 살펴보고 상담 전도 진행을 하기 위함입니다.

다음은 피전도자의 정서적 경험을 알아보기 위해 작성한 정서 경험 작업지입니다. 〈정서 경험 작업지〉는 피전도자의 매일 정서 경험과 그 강도를 수치화하도록 구성되어 있습니다. 피전도자는 〈주간 정서 경험 척도〉를 매일 솔직하게 작성하여 다음 회기 상담 시간에 상담 전도자에게 제출하면 상담 전도자는 이 기록을 바탕으로 〈주간 정서 경험 척도〉에 그래프로 나타냅니다.

이를 통해 피전도자가 매일 경험한 특정 정서와 그 정서의 강도까지 알 수 있습니다. 이러한 데이터는 정서중심상담 전도를 진행하는데 상담 전도자가 어떤 정서에 초점을 두고 상담에 집중해야 할지, 언제 피전도자의 정서에 개입해야 할지 알 수 있습니다.

〈정서 경험 작업지〉

날짜: _____ 피전도자 이름: _____

정서경험	월		화		수		목		금		토		일		총점수
체크/점수	√	점수	√	점수	√	점수	√	점수	√	점수	√	점수	√	점수	1-100점
기쁘다															
억울하다															
실망하다															

속상하다									
창피하다									
후회하다									
편안하다									
미안하다									
얄밉다									
무섭다									
걱정되다									
뿌듯하다									
울고싶다									
재미있다									
만족하다									
행복하다									
우울하다									
당황하다									
짜증나다									
슬프다									
신난다									
외롭다									
불안하다									
부끄럽다									
좌절되다									
자랑스럽다									
감사하다									

사랑스럽다									
화나다									
즐겁다									
샘나다									
놀라다									
약오르다									
신경질나다									
즐겁다									
설레다									
기타									

〈주간 정서 경험 척도〉

날짜: _____ 피전도자 이름: _____

정서 경험 작업지를 수치화하여 그래프로 그리세요.

* 참고: 낙심된다-검정색 / 창피하다-빨강색 / 기쁘다-파랑색

100							
95							
90							
85							
80							
75							
70							

	월	화	수	목	금	토	일
65							
60							
55							
50							
45							
40							
35							
30							
25							
20							
15							
10							
5							
0							

4) 전이 탐색과 다스리기

전이는 피전도자가 과거의 중요한 인물에게서 느낀 생각이나 감정을 상담 전도자에게 투사하는 현상을 말합니다. 상담 전도를 하다보면 피전도자와의 관계에서 종종 전이가 발생합니다. 전이의 감정은 사랑의 감정 혹은 이와 반대로 분노의 감정일 수 있습니다.

이때 상담 전도자는 어떻게 대처해야 할까요?

상담 전도자는 피전도자의 전이 과정을 피하지 말아야 합니다. 오히려 상담 전도자는 피전도자의 정서 처리 스타일을 파악하는 기회로 삼아야 합니다. 상담 전도자는 피전도자의 전이의 감정으로 인해 '다시는 피전도자를 만나지 말아야지'라고 생각하지 말고 적절히 대응함으로 상담 전도를 이끌어 가야 합니다. 이때 공감적 이해와 공감적 존중이 절대적으로 필요합니다.

상담 관계에서 전이 현상도 일어나지만, 역전이의 현상도 일어납니다. 역전이는 전이 현상과 반대로 상담 전도자가 피전도자에 대한 생각이나 느끼는 감정을 말합니다. 상담 전도자는 부정적인 역전이 현상을 경계해야 합니다. 상담 전도자는 자신에게서 부정적인 역전이 현상이 일어나면 역전이가 사라질 때까지 냉정해질 필요가 있습니다. 왜냐하면, 역전이 때문에 상담 전도자가 피전도자를 판단하고 책망하는 오류를 범할 수 있기 때문입니다.

만일 상담 전도자가 피전도자를 판단하면 상담 전 도관계가 깨어질 뿐 아니라 지금까지 쌓아왔던 상담 관계뿐만 아니라 상담 전도가 중단되는 경우를 자초할 수도 있습니다. 따라서 상담 전도자는 피전도자와의 일정한 거리를 유지하되 정서적 관계에 문제가 생기지 않도록 노력해야 합니다.

5) 자기 통찰하기

　자기 통찰은 자신의 생각, 감정, 행동의 문제를 스스로 알아차리는 것을 의미합니다. 프로이트에 의하면 인간의 정신 구조는 의식과 무의식으로 이루어져 있습니다. 무의식이라는 말은 의식이 없다는 의미가 아니라 의식과 대조되는 말입니다. 프로이트는 무의식은 아이가 태어난 후 약 6세 이전에 형성된다고 말했습니다.
　그러면 무의식은 무엇으로 이루어져 있을까요?
　무의식은 인간의 본능을 포함하여 리비도, 즉 성적 충동과 공격성으로 이루어져 있다고 프로이트는 말했습니다. 여기에서 성적 충동은 반드시 성적인 것에만 국한할 필요는 없습니다. 이는 오히려 생존에 대한 욕구를 의미합니다.
　무의식은 의식을 지배합니다. 그러나 우리는 무의식이 의식을 지배하고 있다는 것을 잘 알아차리지 못합니다. 하지만, 우리는 무의식이 의식을 지배하고 있다는 사실을 통찰을 통해 알 수 있습니다
　사람은 누구나 살기 위해서 몸부림칩니다. 이는 사람이 어머니 뱃속에서 태어나면서부터 시작되었습니다. 이는 살기 위해 무의식적으로 반응한 것입니다. 상담 전도자는 피전도자가 어떤 무의식적인 삶을 살아왔는지 알아차리도록 해야 합니다. 무의식은 앞에서 언급했듯이 6세 이전에 형성되기 때문에 이 기간에 경험했던 여러 사건이나 상황 그리고 감정 등을 떠올리게 하면 자기 통찰에 큰 도움이 됩니다.

한국 사람은 자기 자신을 드러내지 않는 것을 미덕이라고 생각하는 경향이 있습니다. 그래서 자신을 드러내지 않고 숨기려 하다보니 자신을 통찰하는 데 어려움이 많습니다. 이런 사람은 "내가 왜 이러지? 내가 나를 이해할 수 없어"라는 말을 종종 하곤 합니다.

그러나 문제는 자기 문제를 어떻게 해결해야 하는지 알지 못한다는 것입니다. 따라서 상담 전도자는 피전도자가 어린 시절에 경험했던 사건이나 감정을 떠올리게 함으로써 자신을 통찰할 수 있도록 도와야 합니다. 어린 시절에 경험한 사고와 정서는 현재의 사고와 정서에 영향을 미칩니다

사고가 정서를 만들어 내는 요인이라면, 정서는 행동을 유발하는 에너지입니다. 그러므로 사람이 사고하지 않고는 정서를 느낄 수 없고, 정서를 느끼지 못하면 행동할 수 없습니다. 그러므로 이 세 가지는 사람이 살아가는 데 매우 중요한 요소입니다.

그러나 이러한 요소들을 부적응적으로 사용할 때 문제가 생깁니다. 어렸을 때 부모와의 애착관계가 잘 형성되지 못한 사람은 왜곡하거나 정서적 경험을 균형있게 표출하는 것을 어려워합니다. 이러한 현상이 지속되면 감정을 억압하게 되고 정서적 무감각증에 이를 수 있습니다. 꽃을 보면 '아름답다', 잔잔한 바다를 보면 '편안하다'라고 느끼고 표현할 수 있어야 하는데, 그렇지 못하고 무미건조한 반응을 보일 때가 있습니다.

감정은 하나님이 우리에게 준 가장 소중한 선물입니다. 혹시 피전도자 중에 정서적 무감각증을 잃고 있는 사람이 있다면 다양한

감정을 경험할 수 있도록 산이나 들 그리고 평온한 바다로 안내하고 이를 정서적으로 느낄 수 있도록 도와야 합니다.

말을 자주 걸어 주고 떠오르는지 감정과 접촉시켜 주는 것도 좋은 방법입니다. 감정을 느끼지 못하는 사람은 스스로 감정을 억압하고 있기 때문입니다. 감정을 경험하는 것 자체가 너무 힘들기 때문입니다. 감정이 살아나면 무의식적인 나와 접촉하는 데 편안함을 느낍니다. 그러다 보면 자신 스스로 자신을 알아차리고 통찰 할 수 있는 힘이 생깁니다.

다양한 감정을 균형 있게 느끼며 산다는 것은 매우 중요합니다. 생각과 감정 그리고 행동은 한 세트입니다. 이것들이 분리되어 따로따로 작용하면 문제가 생깁니다. 따라서 상담 전도자는 피전도자가 생각과 감정 그리고 행동을 조화롭게 경험할 수 있도록 도와야 합니다.

6) 자기 수용하기

자기 수용이란 자기 모습을 있는 그대로 받아들이는 것을 의미합니다. 즉, 피전도자가 사신의 삶, 즉 과거, 현재 그리고 미래까지도 자기의 삶을 거부하지 않고 기꺼이 수용하는 것입니다. 수용은 참는 것이 아니라 존재적으로 자신을 받아들이는 것입니다. 수용은 먼저 과거의 삶에 대한 통찰로부터 시작됩니다. 과거의 대한 통찰은 쉽지만은 않습니다. 부정적인 핵심감정을 가지고 있는 피전도자일수록 더욱 그렇습니다.

따라서 상담 전도자는 조심스럽게 피전도자의 감정을 접촉, 공감해 주고, 항해하듯 어릴 때의 삶을 탐색해 나가야 합니다. 과거에 대한 통찰은 과거의 나와 현재의 나를 알 수 있게 합니다. 통찰을 통해 자신이 누구인 줄 알면 자기를 수용하는 것이 쉬워집니다.

"아, 그래서 내가 그렇게도 인정받기를 원하고, 사랑받기를 원하였구나!"라고 깨닫게 됩니다. 기꺼이 자신을 수용한 사람은 "지금, 여기"에서의 삶을 살아갈 수 있습니다. 이제 더 이상 과거에 매어 살지 않고 과거와 담대하게 싸우며 살아가게 됩니다.

C. S. 루이스는 "통증은 하나님의 메가폰이다"라고 말했습니다. 몸의 한 부위에 통증을 느끼는 것은 그 부위가 문제가 있다는 것을 알려 줍니다. 사람은 누구나 고통을 겪게 됩니다. 그러나 고통을 수용하는 사람이 있는가 하면 고통을 거부하는 사람이 있습니다. 수용하기를 경험한 피전도자는 고통까지도 기꺼이 받아들입니다.

사람은 누구나 자신의 삶이 있습니다. 그러나 많은 사람이 자신의 삶을 살지 못하고 있습니다. 왜냐하면, 과거에 매여 현재의 삶을 살지 못하기 때문입니다. 하지만, 고통 없이 사는 것이 더 복된 일입니다.

따라서 정서가 잘 기능해서 고통을 느끼지 않고 사는 방법은 자신을 있는 그대로 인정하고 수용하는 것입니다. 기꺼이 자기를 인정하고 수용한 사람은 새로운 삶을 살아갈 수 있습니다 스페인 소설가 미겔 데 세르반테스(Miguel de Cervantes Saavedra)는 "삶이 있는 한 희망이 있다"라고 했습니다.

이처럼 상담 전도자는 피전도자가 희망적인 삶을 살아가도록 끊임없이 관심을 갖고 격려와 지지를 아끼지 말아야 합니다. 오스트리아 정신과 의사인 루돌프 드레이커스(Rudolf Dreikurs)는 "식물이 물이 필요하듯 인간에게는 격려가 필요하다"라고 했습니다.

요셉이 형들에 의해 이집트로 팔려 갔을 때 그의 감정은 어떠했을까?

요셉은 형들에 대한 분노, 증오심, 복수심 등이 대단했을 것입니다. 그러나 요셉은 하나님의 함께하심으로 자기감정을 있는 그대로 수용했습니다. 그래서 요셉은 보디발의 감옥 안에서도 자기감정에 지배당하지 않고 견딜 수 있었습니다. 그리고 형들을 다시 만났을 때도 그들에게 분노를 표출하지 않고 오히려 용서와 긍휼을 베풀어 줄 수 있었습니다.

7) 직면

상담 전도자는 피전도자가 끝까지 자기가 통찰한 내용을 거부할 경우, 이를 직면시켜 수용하도록 이끌어 주어야 합니다. 그러나 직면은 강제적으로 행해서는 안 됩니다.

다음은 피전도자의 직면에 도움이 되는 질문입니다.

- 그 말을 들었을 때 어떤 감정을 느끼셨는지 다시 한번 말씀해 주시겠습니까?

- 지금 이 말씀을 하시는 데 어떤 이유가 있으신가요?
- 그런 이유로 싫어하게 되신 거군요?
- 지금 당신은 무척 행복해 보입니다.
- 그 말씀의 뜻을 잘 알아듣지 못하겠습니다. 쉽게 말씀해 주시겠어요?
- 지금 본인의 표정이 어떤지 느껴지시나요?
- 당신은 지금 '그러나'라는 말을 많이 사용하고 있다는 것을 알고 있습니까?
- 지금 감정적으로 많이 힘드실 것 같은데, 겉으로는 전혀 그렇게 보이지 않네요. 마음을 조금 더 솔직하게 표현해 보세요.

상담 전도자는 피전도자를 직면시키기 전에 피전도자와의 신뢰 관계를 다시 한번 확인할 필요가 있습니다. 직면에는 이인칭 직면 방법과 삼인칭 직면 방법이 있습니다. 이인칭 직면은 위에서 제시한 것들이며, 삼인칭 직면은 다른 사람(그/그들)의 예를 들어 직면시키는 방법입니다.

예를 들면, "누가 ~ 하더라" 또는 "누가 ~ 해서 ~ 하더라"와 같은 방법입니다. 또한, 어떤 비유적 이야기를 들려줌으로써 직면하기도 합니다. 예를 들면, 나단 선지자가 다윗에게 들려준 이야기는 다윗이 자신의 죄를 깨닫도록 하기 위함입니다(삼하 12:1-4).

필자는 상황에 따라 이인칭 직면 방법과 삼인칭 직면 방법을 함께 사용하는 것도 무방하다고 생각합니다. 그러나 이인칭 직면 방법은 피전도자 입장에서 볼 때 자기의 현실적 문제점을 공격하거나 비난하는 것으로 오해를 불러일으킬 수 있으므로 조심해서 사용해야 합니다. 그러나 이인칭 직면 방법이든 삼인칭 직면 방법이든 상담 전도자는 피전도자가 자기 문제를 충분히 통찰했다고 생각될 때 적절한 시기에 직면해야 합니다.

8) 저항 다루기

상담 전도를 진행하다 보면 종종 저항이 자주 일어나기도 합니다. 저항이란 상담 전도자와 피전도자 간에 심리적 갈등이 생겨 일어나는 것으로써 침묵, 망각, 주지화, 감정 폭발, 화제 전환, 쉬지 않고 말하기 등과 같은 것이 있으며 각각의 의미는 다음과 같습니다.

- **침묵**: 피전도자가 자기 입장을 상담 전도자에게 말하기 싫어서 나타나는 현상.
- **망각**: 자신도 모르게 망각을 하는 것으로 어떤 주제에 대해 무관심과 회피하고자 하는 심리에서 비롯 됨(과제를 통해 변화를 이끌어 내기도 함).
- **주지화**: 자신의 감정에 쫓아가지 않고 감정의 교류를 거절함.
- **감정 폭발**: 부적응적인 사고의 영향으로 피전도자가 감정폭발을 경험하면 행동으로 이어져 심한 경우 상담을 하다 자리를

박차고 일어나기도 함.
- **화제 전환**: 이야기의 주제를 다른 대로 돌리거나 말을 많이 하거나 애매모호한 말을 늘어놓는 것을 말함.
- **쉬지 않고 말하기**: 피전도자가 쉬지 않고 말을 하거나 말이 불분명하게 말하는 것.

그러면 피전도자의 저항을 어떻게 다루면 좋을까요?

피전도자가 저항을 보일 경우 그 이면에는 숨은 의도가 있을 수 있습니다. 예를 들면, 상담 전도자와 정서적 접촉을 꺼리거나 자신의 깊은 상처를 상담 전도자 앞에서 드러내는 것을 두려워한다든지 자신도 인식하지 못한 정서적 충동에 의해 저항이 일어날 수 있습니다.

또한, 자기방어를 위해 쉬지 않고 말을 하거나 불분명하게 말할 경우, 적절한 개입을 통해 말수를 줄이게 하거나 재진술을 통해 피전도자의 말을 명료화시켜 한가지의 주제에 집중할 수 있도록 단순화시켜 주는 것이 필요합니다.

상담 전도자는 피전도자가 저항을 보일 경우 상담 내용의 옳고 그름을 살피기 전에 피전도자의 마음을 알아차리고 충분히 이해해 주고 공감해 주어야 합니다. 상담에서 중요한 것은 이성보다 감정을 살피고 충분히 공감해 주는 것이 우선입니다.

그러므로 상담 전도자는 깊은 내면의 상처를 인터뷰하듯 캐묻기보다는 피전도자의 내면의 정서를 충분히 이해해 주고 공감해 주어야 합니다. 저항을 예방하기 위해서는 억지로 상담 전도를 진행하면 안 됩니다. 피전도자의 자유로운 시간에 맞추어 상담 전도를 진행하는 것도 지혜로운 방법입니다.

9) 지지와 격려

사람은 누구나 삶을 살아가면서 힘들게 마련입니다. 이 세상이 천국이 아니기 때문에 고통이 있고, 아픔이 있고, 마음이 상할 때가 있고, 좌절할 때가 있고, 염려할 때가 있습니다.

그러나 자신이 이러한 상황에 처해 있을 때 누군가가 찾아와 지지해 주고 격려해 준다면 큰 힘이 될까요?

인생 밑바닥에서 살아가는 사람에게는 다시 일어설 수 있는 기회가 될 것입니다.

그러면 누가 우는 자들과 함께하고 힘이 되어 줄 수 있을까요?

바로 상담 전도자입니다. 지지와 격려는 진실로 목마른 영혼에 물과 같은 것입니다.

"나는 할 수 없어. 나는 무능력해."
"나는 실패자야. 되는 일이 하나도 없어."
"나만 노력하면 뭐 해. 남편은 나를 이해하려고 하지 않을 텐데."
"열심히 일을 해보았자 무슨 소용이 있어?"

"나에게는 이 빚을 감당할 능력이 없어요. 차라리 모든 것을 포기하는 것이 좋을 것 같아요."

지지와 격려는 이러한 부정적 사고와 부정적인 정서를 경험하는 사람들에게 긍정적인 사고와 긍정적인 정서를 경험하게 하는 에너지와 같은 것입니다.

필자와 함께 어린이 사역을 했던 사모님이 계셨습니다. 이제 그분은 이 세상에 계시지 않지만, 남편 목사님은 저와 목사 안수 동기였습니다. 필자는 목사님과도 친하지만, 사모님과도 격의 없이 지내는 관계였습니다.

사모님이 섬기는 교회와 필자가 섬기는 교회 모두 개척한 지 얼마 되지 않는 개척교회였습니다. 그러다 보니 두 교회 모두 형편이 어려웠습니다. 교회의 재정뿐만 아니라 일꾼이 턱없이 부족했습니다. 그래서 사모님과 제가 서로의 교회를 위해 어린이 사역을 함께 하기로 하고 열심히 전도를 했습니다.

사모님은 어려운 형편에서도 저희 교회를 챙기셨습니다. 때에 따라 저희 교회를 위해 헌금을 해 주셨고, 가을에 김장을 할 때마다 매번 김장김치로 섬겨 주셨습니다. 후두암으로 투병 중에 계시면서도 저의 가정과 교회를 섬겨 주셨습니다.

2년 전에 세상을 떠나 하나님 나라에 가셨지만, 어려운 중에도 저희 가정과 교회를 섬기셨던 사모님의 모습이 눈가에 아른거립니다. 사모님은 저에게 너무 큰 위로자였습니다. 제가 힘들어할 때, 사모님은 온유하신 미소를 지어 보이며 아낌없이 격려와 지지를 해 주셨습니다.

"김 목사님, 우리는 하나님의 것이에요. 포기하지 마세요. 하나님은 죽으신 분이 아니세요. 힘내세요. 하나님이 도와주실 거예요."

사모님이 하나님의 나라로 떠나자, 매우 마음이 아팠습니다. 필자는 종종 '사모님이 지금도 살아계셔서 함께 어린이 사역을 할 수만 있다면 얼마나 좋을까?' 하고 생각합니다.

지지와 격려는 피전도자에게 힘든 상황을 이겨내게 합니다. "나도 할 수 있을까?"라는 마음에서 "나도 할 수 있어!"라는 마음을 갖게 합니다.

다음은 필자가 초등학교에 다니던 시절의 이야기입니다. 소풍을 갈 때면 선생님은 늘 제게 노래를 부르라고 하셨습니다. 그때 불렀던 노래들이 아직도 생생하게 기억납니다. 특히, 〈얼굴〉이라는 가곡을 자주 불렀던 기억이 납니다. 저는 그때 제가 학교에서 노래를 제일 잘하는 줄 알았습니다. 그때부터 노래를 정말 좋아하게 되었습니다. 중학교 시절에는 성악가가 되는 꿈을 꾸기도 했습니다. 이와 같이 누군가의 지지와 격려는 우리에게 새로운 에너지와 꿈과 희망을 줍니다.

상담 전도자는 피전도자에게 아버지 혹은 어머니와 같은 존재로서 지지자가 되어 주어야 합니다. 자녀에게 아무런 대가 없이 무엇이든 거저 베푸는 아버지와 어머니와 같은 존재가 되어야 합니다.

피전도자가 몸과 마음이 아파 힘들어할 때, 사업이나 남편, 아내, 자녀 때문에 고통을 겪고 있을 때 그들에게 지지와 격려자가 되어 주어야 합니다. 상담 전도자가 이러한 섬김으로 도움을 줄 때, 피전도자는 한 걸음 더 하나님께 나아가게 될 것입니다.

10) 상담 윤리

상담 전도자는 상담 전도 진행 과정에서 주고받은 어떤 이야기도 절대로 타인에게 누설하면 안 됩니다. 이것은 피전도자의 복지를 넘어 인권에 해당하며 상담자가 지켜야 할 윤리이기도 합니다. 따라서 상담 전도자는 상담 중에 드러난 비밀은 반드시 보장해 주어야 합니다. 상담 전도자는 피전도자의 비밀을 자기 가족에게도 누설하면 안 됩니다.

물론, 가정 폭력이나 성폭력 사실이 발견될 때는 상담 전도자는 경찰에 신고할 의무가 있습니다. 상담 전도자는 피전도자와 금전 거래를 해서는 안 됩니다. 상담 전도자는 피전도자와 이성적 관계가 형성되지 않도록 각별히 주의해야 합니다. 이를 방지하기 위해서 필자는 상담 전도를 할 때, 반드시 필자의 아내와 함께합니다.

상담 전도자는 피전도자와의 불필요한 사적인 만남을 자제해야 합니다. 이는 정서중심상담 전도에 혼란을 일으킬 수도 있습니다. 상담 전도자는 자신의 권위로 피전도자를 지배하려고 해서는 안 됩니다.

상담 전도자는 피전도자의 위에 있는 자가 아니라 피전도자와 상호 동등한 관계에 있습니다. 그러나 상담 전도자는 피전도자를 돌보고 섬기는 자임을 잊어서는 안 됩니다. 거저 받았으니 거저 주는 자임을 명심해야 합니다(마 10:8).

11) 새로운 정서, 하나님의 사랑

요한은 "하나님은 사랑이시다"(요일 4:8, 16)라고 말했습니다. 하나님의 사랑은 강력한 새로운 에너지입니다. 새로운 하나님의 사랑은 예수님의 십자가의 사건에서 절정을 이룹니다. 새로운 하나님의 사랑은 피전도자에게 절대적인 대체 형성물입니다.

사랑은 하나님이 우리에게 주신 가장 귀한 보물입니다. 이 보물을 경험한 자는 마음이 변합니다. 상담 전도자는 이미 이 보물을 받았습니다. 그리고 누리고 있습니다. 그러나 아직 예수님을 알지 못한 피전도자는 이 보물을 가지지 못했고 알지도 못합니다. 또한, 그 능력이 어느 정도인지도 모릅니다. 상담 전도자는 사랑이라는 이 보물을 소유하고, 누릴 수 있도록 도와야 합니다.

하나님의 사랑을 먼저 받았으니 이제는 누군가에게 이 사랑을 나누어야 합니다. 요한은 "사랑 안에 거하는 자는 하나님 안에 거하고 하나님도 그의 안에 거하신다"(요일 4:16)라고 말했습니다. 상담 전도자가 피전도자와 하나님의 사랑을 나누는 것은 피전도자가 하나님과 특별한 관계를 맺도록 하기 위함입니다. 피전도자가 하나님의 사랑을 경험하면 하나님을 알게 되고, 그 안에 거하게 되는 은혜를 입게 됩니다.

구약성경에서 특별한 하나님의 사랑을 경험했던 인물이 많이 있습니다. 그중에서 요셉을 예로 들어보겠습니다. 요셉은 어린 나이에 형들에게 팔려, 낯선 이집트 땅으로 내려갔습니다. 요셉은 자신을 팔아넘긴 형들에 대한 억울함과 분노심에 사로잡혀 있었을 것입니다.

그러나 하나님은 요셉과 함께하셨습니다. 창세기 39장에는 "하나님께서 요셉과 함께하셨다"라는 말이 세 번 기록되어 있습니다. 부모가 옆에 있지 않기 때문에 하나님께서 부모 역할을 해 주셨습니다.

노예였던 요셉은 하나님의 돌보심과 사랑에 힘입어 보디발의 집에서 형통하였고(창 39:2), 감옥에서도 간수에게 은혜를 입었습니다(창 39:21). 결국, 요셉은 바로의 꿈을 해석해 주고 30세에 이집트의 총리가 되었습니다.

하지만, 요셉의 기억 속에 형들에 대한 적대적 감정은 사라지지 않았을 것입니다. 그러나 요셉은 후에 식량을 구하러 이집트에서 내려온 형들에 대해 적대적으로 대하지 않았습니다. 오히려 요셉은 자신이 경험한 하나님의 사랑(용서)함으로 형들을 대해 주었습니다(창 45:5).

형들에 대한 요셉의 용서는 그 근원이 어디일까요?

먼저 경험했던 하나님의 사랑입니다. 요셉은 먼저 하나님의 사랑으로 자신을 팔아넘겼던 형들을 용서하고 그들을 맞이해 주었습니다.

예수님은 우리를 위하여 고초를 당하시고 십자가에 죽으셨습니다. 구원은 십자가의 사랑에 기초해 있습니다. 예수님은 하나님의 사랑을 이루셨습니다. 하나님의 사랑을 나누는 것은 정서중심상담 전도의 특징이기도 합니다. 피전도자가 하나님의 사랑을 입으면 자신도 모르게 변화를 경험하게 됩니다.

그러므로 상담 전도자는 하나님의 사랑을 끊임없이 피전도자에게 공급해 주어야 합니다. 피전도자는 예수님을 잘 모르거나 하나님의 사랑을 경험해 본 일이 없기 때문입니다. 따라서 상담 전도자는 피전도자가 끊임없이 하나님의 사랑을 경험할 수 있도록 도와주어야 합니다. 하나님의 사랑은 복음입니다.

하나님의 사랑은 자기희생과 섬김의 특징을 가지고 있습니다. 필자와 아내는 수억의 빚을 진 채, 김치를 파는 분을 전도한 적이 있습니다. 부인은 가게에 손님이 없자 근처 노상에 나와 장사했습니다. 필자와 아내는 거의 매일 도시락을 정성껏 싸서 노상에서 김치를 파는 부인을 찾아갔습니다. 그리고 그곳에서 두세 시간 함께하면서 김치 파는 일을 도왔습니다. 아내는 창피한 줄도 모르고 지나가는 사람들을 향해 외쳤습니다.

"진도 젓갈로 만든 맛있는 김치가 왔어요. 맛 좀 보고 가세요."

"맛있는 김치가 왔어요. 젊은 사람, 나이 든 사람 다 좋아하시는 맛있는 김치가 왔어요.

"최고로 맛있는 엄마손 김치가 왔어요. 맛 좀 보고 가세요."

그러면 신기하게도 지나가는 사람들이 몰려와서 김치를 사 갔습니다. 1시간에 40만 원 이상의 김치를 팔기도 했습니다. 어떤 사람들은 주기적으로 김치를 사 가기도 했습니다.

그런데 며칠 후 부인이 창백한 얼굴로 필자와 아내를 맞이했습니다. 부인의 얇은 미소는 매우 힘겨워 보였습니다. 나는 무슨 일이 있느냐고 물었습니다. 그러자 부인은 어제 이곳에서 장사하고 있는데 빚쟁이들이 몰려와 머리채를 잡고, 때리고 밀치면서 빚을 갚지 않으면 죽이겠다고 위협하고, 이 모든 일을 남편에게 알리겠다고 협박했다고 말했습니다.

필자와 아내는 순간 무슨 말을 해야 할지 몰랐습니다. 너무나도 가슴이 아팠습니다. 아내는 울먹이는 부인을 한참 동안 아무 말없이 안아주며 위로해 주었습니다.

다음 날 오전, 필자와 아내는 도시락을 싸서 노상에서 김치를 팔고 있는 부인을 다시 찾아갔습니다. 부인은 어제보다 안색이 훨씬 좋아 보였습니다. 부인은 목사님과 사모님이 이렇게 찾아와 주시고, 김치도 팔아 주시고, 좋은 말씀도 해 주셔서 너무 힘이 난다고 했습니다.

아내는 지나가는 사람들을 향해 외쳤습니다.

"진도 젓갈로 만든 맛있는 김치가 왔어요. 맛 좀 보고 가세요."

그때마다 사람들은 열무김치, 배추김치, 멸치볶음 등의 반찬을 사 갔습니다. 우리는 사람들이 김치를 사 갈 때마다 서로의 얼굴을 보며 매우 기뻐했습니다. 하나님이 이렇게 부인을 도와주시는 것을 생각하면 너무 기분이 좋았습니다. 부인은 목사님과 사모님이 힘들 때 도와주셔서 너무 힘이 난다고 거듭 말했습니다.

필자와 아내는 매일 정성껏 도시락을 준비해 노상에서 김치를 팔고 있는 부인을 찾아갔습니다. 그리고 김치 파는 일을 도와드렸습니다. 부인은 한동안 머뭇거리더니 말했습니다.

"사모님, 이제 나도 사모님네 교회에 나갈게요."

부인의 얼굴은 환한 미소를 머금고 있었습니다. 나는 잠시 부인을 위해 기도해 주었습니다. 그리고 복음을 전했습니다. 아내는 부인에게 어떻게 해서 교회에 나올 생각을 하게 되었는지 물었습니다.

부인은 이렇게 말했습니다.

"제가 가장 힘들 때 나를 도와주신 분이 목사님과 사모님이신데 교회에 나가는 것이 당연하지요."

부인은 약속대로 주일날 교회에 나왔습니다.

정서중심상담 전도자들이여!

우리는 하나님의 사랑을 몸소 실천하는 상담 전도자들입니다. 하나님의 사랑을 전하는 하나님의 대리자들입니다.

부인이 불안과 절망, 두려움, 막막함에 사로잡혀 있을 때 인자하신 하나님의 사랑을 경험하지 못했다면 어떻게 하나님의 품으로 돌아올 수 있었을까요?

> 사랑 안에 두려움이 없고 온전한 사랑이 두려움을 내쫓나니 (요일 4:18).

A. W. 토저는 사랑을 선한 의지라고 말하면서 선한 의지의 보호 아래 들어가는 순간 두려움은 내어 쫓긴다고 했습니다(토저, 『하나님을 바로 알자』, 179). 사람은 누구나 힘든 일을 겪습니다. 그러나 일부러 힘든 일을 겪는 사람은 아무도 없지요. 그러나 누군가가 힘들 때 그 사람과 함께하고 도와준다면, 그것이 하나님의 사랑입니다.

필자는 정서중심상담 전도를 통해 하나님의 인자하심, 즉 하나님의 사랑을 경험하면 모든 것이 변한다는 것을 깨닫게 되었습니다.

> "상담 전도자들이여!
> 고통받는 피전도자들과 함께 하고 하나님의 사랑을 경험하도록 하십시오. 이것이 피전도자를 예수님께로 인도하는 지름길입니다."

12) 변화

변화란 피전도자가 하나님의 사랑을 경험하고 사고와 정서적으로 변화되는 것을 의미합니다. 사실 변화는 상담 기술만으로는 한계가 있습니다. 그럼에도 상담기술이 중요한 것은 피전도자를 예수님께 인도하는데 율법과 같은 역할을 하기 때문입니다. 예수님은 사랑으로 율법을 완성하셨습니다. 그래서 정서중심상담에서 가장 중요한 것은 하나님의 사랑입니다. 피전도자가 하나님의 사랑을 경험하지 못하면 변화가 일어나지 못합니다.

따라서 정서중심상담 전도에서 피전도자에게 공감과 이해, 수용 그리고 격려와 지지를 해 주는 것도 중요하지만, 하나님의 사랑을 경험하게 하는 것이 가장 중요합니다. 이것이 새로운 정서인 하나님의 사랑으로 대체 형성하는 것입니다. 피전도자가 새로운 정서인 하나님의 사랑으로 대체 형성되면, 그 안에 있던 불안과 염려, 좌절, 분노, 미움, 교만과 같은 부정적 감정은 힘을 잃습니다.

대신 하나님의 사랑에 의해 강력한 에너지가 형성됩니다. 이 에너지가 바로 '성령의 능력'입니다. 성령의 능력이 피전도자를 지배하면 피전도자는 건강하게 살아갈 수 있으며, 자연스럽게 하나님을 찾습니다. 그의 마음속에 자리 잡고 있던 부정적인 사고나 정서는 긍정적으로 바뀌며 삶 또한 긍정적으로 바뀝니다. 따라서 피전도자는 이제 '지금, 여기'에서의 삶을 살아갈 수 있게 됩니다.

다음은 최근에 필자가 상담한 이전에 교회를 다녀본 경험이 있는 30대 A 여성에 대한 이야기입니다.

A는 어렸을 때의 어머니에 대한 기억을 잊을 수가 없고, 현재도 어머니가 자기에게 행한 것 때문에 분노에 사로잡혀 있었습니다. A가 초등학교 5학년 당시 어머니는 아무런 이유 없이 여러 차례 A를 아파트 베란다로 끌고 가 "죽어버려! 죽어버려!"라고 소리치며 때리고 발로 차기까지 했다고 합니다.

그뿐만 아니라 A의 어머니는 기분이 나쁘면 A에게 화풀이하면서 밥도 주지 않고 굶긴 채로 현관문 밖으로 밀쳐 버린 후 하루 종일 들여보내 주지 않았다고 합니다. 그러다 보니 A는 어머니와 집에 함께 있으면 불안하고 무서워서 견딜 수가 없었다고 합니다. 어머니는 자신에게 한 번도 사과하지 않았고, 오히려 "너 때문에 내 인생 다 망쳤어"라고 말했다고 합니다.

피전도자는 자기에게 행한 어머니의 말과 행동에 대해 아무리 이해하려고 해도 이해가 되지 않았다고 합니다. 필자는 피전도자의 말을 듣고 매우 슬펐습니다. 필자는 '어떻게 상담을 해 주어야 피전도자가 부정적인 과거의 어머니에게 매이지 않고, 분노에서 해방되어 지금, 여기에서의 삶을 살게 할 수 없을까?' 하고 수없이 고민했습니다.

필자는 하나님의 사랑을 경험하는 데 초점을 두고 상담을 시작했습니다. 처음에는 라포형성을 통해 신뢰 관계를 형성하였고, 그다음 여러 상담 기법을 통해 상담을 진행했습니다. 피전도자는 점차 자기 마음을 열고, 자기의 고통을 하나하나 털어놓았습니다.

필자는 공감과 감정 반영을 적절히 해 주면서 과거에 힘들었던 기억을 위로하고 하나님의 사랑을 경험하도록 도왔습니다. 그리고 지금, 여기에서의 삶을 살아가도록 지지와 격려를 아끼지 않았습니다.

필자는 지금, 여기에서의 삶을 살도록 매회기 때마다 말씀 묵상과 상담 기법으로 상담을 진행했습니다. 피전도자는 말씀 묵상과 상담을 통해 자신을 더 깊이 통찰하고, 현재의 자신을 알아차리도록 도왔습니다.

그리고 어떻게 사는 것이 자신에게 상처를 준 부정적인 어머니에게 매이지 않고 현재의 삶에 충실할 수 있는지 말씀을 통해 자신을 반영하게 하고, 지지와 격려, 공감을 통해 항상 하나님의 함께하심과 사랑을 경험하도록 도왔습니다.

하나님의 사랑을 경험하면 위로부터 오는 새로운 에너지를 얻습니다. 그리고 과거의 기억은 단지 과거의 산물일 뿐입니다. 하나님의 사랑을 경험하면 지금, 여기에서의 삶을 온전하게 살아갈 수 있습니다. 이것이 진정한 변화입니다.

13) 말씀 묵상과 상담

피전도자가 교회에 다닌 경험이 있거나 신앙이 있다면 피전도자의 동의를 얻어 말씀 묵상을 통해 정서중심상담 전도를 진행하는 것도 매우 효과적입니다. 이는 정서중심상담 전도 단계에서 자연스럽게 복음 제시 단계로 나아가도록 합니다. 장소는 사람이 잘 다니지 않는 한적한 곳이나 작은 공간이면 좋습니다.

만일 피전도자가 매일 말씀을 묵상하고 떠오른 사건 및 상황, 사고, 정서, 행동을 직접 노트에 기록하면 좋습니다. 이것을 가지고 다음 회기 때 상담을 진행하면 주호소 문제뿐만 아니라 다른 문제까지도 매우 깊게 상담할 수 있습니다.

말씀 묵상과 상담은 단지 성경 공부를 위한 것이 아닙니다. 또한, 말씀 묵상과 상담을 통해 자신의 과거와 현재의 삶을 거울 비추듯 비추어 보고, 자신의 주호소 문제를 탐색, 알아차림, 부적응 사고와 부적응 정서, 부적응적 행동을 치료 및 개선하기 위함입니다.

나아가 말씀의 격려와 지지와 새로운 에너지를 받고 정신적, 심리적, 육체적으로 건강한 삶을 살기 위함입니다. 말씀 묵상과 상담은 '복음 제시'에도 자연스럽게 접근하도록 합니다.

〈말씀 묵상과 상담〉

날짜: _____ 피전도자 이름: _____

시편 23편 1-6	질문과 상담	말씀으로 대체 형성
사건	(예시) 시편 23편 1-6절을 묵상할 때 어떤 사건이 떠오르시나요? 상담:	

사고	그 때의 사건/상황과 관련하여 현재의 생각에 대해 말씀해 주시겠습니까? 1) 부정적 사고: 2) 긍정적 사고: 상담:	예) 여호와는 나를 도우시는 분. 여호와는 나의 부족함을 채워 주시는 분.
정서	인지(생각)에 따른 현재의 정서적 경험에 대해 말씀해 주시겠습니까? 1) 부정적 정서 2) 긍정적 정서 상담:	예) 안전함, 편안함, 만족함.
행동	정서적 경험에 따른 행동에 대해 말씀해 주시겠어요? 상담:	예) 어떤 상황에도 만족하며 산다.
과제 제시	말씀을 묵상한 후 감동된 구절 노트에 기록하기(다섯 구절 이하 기록)	

제5장

상담 맡기

당신과 나는(우리의 죄를 제외하면)
크신 하나님의 형상으로 만들어졌기 때문에
우리 안에는 그를 알 수 있는 능력이 있다.
죄 가운데서 우리는 그 능력을 상실한다.
성령께서 거듭나게 함으로써
우리를 다시 살리시는 순간에
우리의 몸과 영과 마음은 기뻐 날뛴다.
A. W. 토저 『하나님을 추구함』

1. 복음 제시

진정한 회복은 하나님의 형상을 회복하는 것입니다. 거듭남을 통해 회복된 자는 토저가 말한 것처럼 몸과 영과 몸이 기뻐 춤을 춥니다. 상담 전도자에게 주어진 피전도자는 거듭남의 기쁨을 알지 못합니다. 이들이 거듭남으로 기뻐 춤을 추는 장을 마련해 주는 것이 우리의 책임입니다.

그러면 이들을 어떻게 기쁨의 장으로 끌어 낼 수 있을까요?

그것은 예수님을 마음속에 영접하게 하는 것입니다. 이것이 바로 '복음 제시'이며, 주로 상담의 말기 단계에서 이루어지는데 피전도자가 복음을 받아들일 충분한 준비가 되어 있다고 판단될 때 진행합니다.

즉, 상담 전도자는 피전도자가 충분히 하나님의 사랑을 경험하고 만족을 느꼈을 때 복음을 제시해야 합니다. 복음을 제시하는 장소는 따로 정할 필요는 없습니다. 그러나 피전도자가 가장 편안함을 느끼는 안전한 장소를 택하여 복음을 제시하면 좋습니다. 이는 '복음 제시' 효과를 높이기 위함입니다.

필자는 피전도자에게 복음을 제시할 때, 간혹 필자의 집에 초청합니다. 집에 초청하여 복음을 제시할 때의 장점은 피전도자가 존중받고, 수용 받고 있다는 느낌이 들게 하기 위함입니다. 피전도자가 집에 초청을 받으면 자연스럽게 마음을 개방하는 효과를 줍니다. 상담 전도자의 집은 피전도자와 교회 사이의 중간 브릿지 역할을 합니다. 상담 전도자는 집에서 차를 마시면서 복음을 자연스럽게 전합니다. 형식은 따로 없습니다.

피전도자가 이미 예수님을 믿고 교회를 다닌 경험이 있다면 '복음 제시'를 할 필요는 없습니다. 다만, 하나님이 누구인지, 자신이 죄인인지 아닌지, 예수님이 나를 위해 십자가에 죽으셨고 다시 사셨는지에 대해서 분명히 확인할 필요가 있습니다. 상담 전도자는 이를 확인 후 믿음의 확신이 없으면 다시 복음을 제시해야 합니다.

2. 피전도자 교회 인도

상담 전도자는 피전도자를 교회로 인도할 때 먼저 염두에 두어야 할 사항이 있습니다. 피전도자는 교회의 환경과 문화를 잘 모르거나 익숙하지 않기 때문에 교회에 처음 나가면 자신을 향한 과도한 관심이 부담스러울 수 있습니다. 피전도자에 대한 기존 성도들의 친절은 이해하지만, 지나친 친절은 자제하는 것이 필요합니다.

무엇보다 중요한 것은 피전도자의 마음이 편해야 합니다. 교회가 피전도자에게 안정감을 주어야 합니다. 대부분 교회는 새신자가 교회에 처음 출석하면 곧바로 새신자반으로 보냅니다. 그러나 필자는 이러한 방법은 적절하지 않다고 생각합니다. 필자는 피전도자가 교회 생활에 적응할 때까지 직접 관리하고 있습니다. 이러한 관리를 통해 피전도자는 교회에 어렵지 않게 정착할 수 있습니다.

제6장

정서중심상담 전도 진행 과정

관심과 존경의 태도를 가지고 접근해야 하며,

피전도자의 말에 적절한 미러링과 백트래킹을 통해

진심 어린 공감을 표현해야 한다.

1. 상담 초기

■ **1단계(1-2회기): 라포 형성 단계**

- 신뢰형성에 집중한다(관계 형성).
- 피전도자의 이야기를 집중해 듣는다(구체적인 정보 수집).
- 상담 전도자에 대해 호감을 갖게 한다.
- 피전도자의 말에 적절히 미러링과 백트랙킹을 해 준다.
- 피전도자에 대한 관심과 존경심을 보인다(언어적·비언어적 표현).
- 피전도자가 자신의 문제를 드러내도록 편안한 마음을 갖게 한다.
- 자신을 상담 전도자에게 맡겨도 좋겠다는 마음을 갖게 한다.

2. 상담 중기

■ **2단계(3-4회기): 정보 수집 및 주호소 문제 파악 단계**

- 신뢰 형성을 계속 유지한다.
- 피전도자의 이름, 성별, 나이, 생년월일, 직업, 혼인 여부, 가족 상황 등을 파악한다.
- 대화와 질문을 통해 주호소 문제를 파악한다.

- 피전도자를 판단하지 말고, 그 존재 자체를 받아들인다.
- 피전도자를 무조건적 존중과 공감을 해 준다.
- 피전도자를 공감적으로 이해하고 수용한다.
- 피전도자가 편안한 마음을 가질 수 있도록 돕는다.
- 상담 중에 피전도자가 자기 이야기를 마음껏 표현하도록 격려하고, 피전도자의 말에 대해 판단하거나 옳고 그름을 따지지 말고 개방적인 자세로 경청한다.
- 친밀감 형성을 위해 손을 잡아 주거나 신체 일부를 가볍게 터치해 주는 것도 좋다.

■ 3단계(5-6회기): 탐색 단계

- 피전도자의 언어적·비언어적 표현을 통해 정서적 경험을 탐색한다.
- 피전도자의 특별한 행동을 통해 피전도자의 정서적 상태를 파악한다.
- 피전도자의 이야기, 핵심 단어에 주목함으로써 피전도자의 생각이나 감정 상태를 파악한다.
- 피전도자가 과거의 삶에 대한 어떤 주제를 이야기할 때보다 더 주목하여 듣는다.
- 피전도자의 이야기를 듣고 그의 생각, 감정, 행동을 각각 구분하여 파악한다.

- 상담에 적극적인지 소극적인지 파악한다. 그 이유에 대해 자세히 파악한다.
- 심리적인 문제가 있다면 전문가에게 의뢰한다.

■ **4단계(7-10회기): 전도 계획 진행 단계**

- 피전도자의 주호소 문제와 정서적 탐색이 이루어졌다면, 상담 전도자는 정서중심상담 목표와 전략을 세운다.
- 목표와 전략은 매우 구체적이면서 실현 가능하게 세운다.
- 전도 계획서(사례개념화)를 작성하여 정서중심상담 전도를 진행한다. 그러나 전도 계획이 변경될 수 있음을 기억하고 이에 적절히 대처할 수 있는 방법을 마련한다.

정서중심상담 전도는 과정이 중요하다. 계획대로 진행이 안 된다고 낙심하지 말라. 포기하지 않으면 반드시 전도의 열매는 맺는다.

3. 상담 말기

■ 5단계(11회기 이상): '복음 제시'와 '교회 인도' 단계

- '복음 제시'는 정서중심상담 전도가 계획대로 진행되었을 때 행한다.
- '복음 제시'는 편안한 장소에서 행하는 것이 바람직하다.
- 피전도자와의 깊은 친밀감이 형성되었을 때 복음을 제시한다.
- 피전도자의 마음이 아직도 불안정한 상태에 있다면 '복음 제시'를 미루는 것이 좋다. 이 경우 강한 저항이 일어날 수 있다.
- 간혹 피전도자 중에 상담은 만족하지만 '복음 제시'는 받아들이기를 거부하는 사람도 있다. 그렇다면 '복음 제시'를 미루는 것이 좋다.
- 피전도자가 '복음 제시'만 응하고 교회 출석은 꺼려할 수 있다. 이는 교회에 대해 부담감을 가지고 있기 때문이다. 이럴 때는 억지로 교회로 인도하지 말고, 상담을 계속 진행하면서 기다린다.
- 교회로 인도한 후에도 일정 기간 정서중심상담 전도는 진행된다. 피전도자가 교회 생활에 온전히 적응될 때까지 정서중심상담 전도는 진행되어야 한다.

제7장

정서중심상담 전도 사례

피전도자와의 만남은 귀한 것입니다.

그러나 피전도자를 예수님께로 인도하는 것은

더 귀한 것입니다.

* 다음에 소개되는 사례는 피전도자의 동의를 구한 것입니다.

[김치 가게 아주머니 상담 전도 사례]

† 첫 번째 만남

섭씨 33도를 오르내리는 매우 무더운 여름날이었다. 필자는 아내와 함께 간단한 전도 용품을 가지고 교회 근처 아파트와 상가를 중심으로 전도하던 중 어느 김치 가게에 들어갔다. 아주머니는 미소를 지으며 맞이했다.

- 전도자: 안녕하세요. 장사는 잘되시는가요? (아내는 아주머니에게 전도용 건빵과 물티슈를 건넸다.)
- 피전도자: 교회에서 오셨나 보죠?
- 전도자: 네, 부흥제일교회에서 왔습니다. 저는 부흥제일교회 목사이고 제 옆에는 사모입니다.
- 피전도자: 네 ….
- 전도자: 요즈음 장사는 어떠신가요?
- 피전도자: 잘 안돼요. 불경기라서 그런가 보네요.
- 전도자: 아, 그러시군요. 불경기라서 장사가 잘 안되신다는 말씀이군요? 인상이 너무 좋으시네요.
- 피전도자: 감사합니다.
- 전도자: 아주머니, 언제부터 이곳에서 장사를 하셨습니까?
- 피전도자: 이사 온 지 일주일 됐어요.

- 전도자: 아, 그러시군요. 그러면 이전에는 어디에서 장사하셨어요?
- 피전도자: 남악에서 식당 했어요. 그런데 식당이 안 돼서 빚만 졌어요.
- 전도자: 네, 마음이 많이 아프셨겠네요? **(좌절감에 대한 감정 반영)**
- 피전도자: 네, 많이 힘들었어요.
- 전도자: 아, 그렇군요. 많이 힘드셔서 이곳에서 김치 장사를 하게 되셨군요?
- 피전도자: 네, 그런데 이곳에서도 장사가 잘 안돼요. 잘못 들어온 것 같아요. 아파트에 주로 나이 드신 분이 많이 살아서 그런지 통 손님이 없어요.
- 전도자: 네, 손님이 없어서 염려스럽다는 말씀이군요. 월세도 만만치 않을 텐데 ….
- 피전도자: 월세가 40만 원이에요. 장사가 안되면 이 돈도 큰돈이에요.
- 전도자: 그렇지요. 큰돈입니다**(재진술)**. 손님이 많이 오시면 좋겠네요. 하지만 너무 걱정 마세요. 장사가 안될 때도 잘될 때도 있잖아요.
- 아내: 자요, 참기름이에요(전도용으로 준비한 것을 건넸다).
- 피전도자: (부담되는 듯 손사래를 치며 받지 않으려 했다.)
- 아내: 받으세요. 비싸지 않아요. 아참, 저기 배추김치랑 멸치랑 깻잎 좀 주세요(아내는 일부러 반찬거리를 사는 것 같았다). 얼마에요?
- 피전도자: 만 오천 원이에요.
- 아내: 만오천 원이요? 자요.

- 피전도자: 감사합니다.
- 전도자: 김치 종류가 꽤 되네요? 스무 종류 정도 되는 것 같네요?
- 피전도자: 네, 그 정도 돼요.
- 아내: 이렇게 여러 종류의 김치를 만드시려면 너무 힘드시겠네요.
- 피전도자: 힘들어요. 허리, 다리, 어깨 온몸이 다 아파요. 그래도 장사만 잘되면 괜찮아요.
- 전도자: 김치 만드시느라 너무 고생하시네요. 장사가 잘되길 바랄게요.
- 피전도자: 감사합니다.

때마침 손님 몇 분이 오셨다. 필자와 아내는 장사에 방해가 되지 않도록 바로 김치가게를 나왔다. 필자는 아내와 함께 아파트 상가 몇 군데를 더 들린 후 교회로 돌아왔다. 그리고 김치가게 아주머니를 만나게 해 주신 하나님께 감사 기도를 했다(참고 사항: 전도자는 첫 번째 만남에서 복음을 제시하면 안 된다. 왜냐하면 피전도자와 충분한 신뢰 관계가 형성되지 않았기 때문이다).

첫 번째 만남에서 피전도자의 말에 적절한 미러링과 공감 반영을 통해 신뢰 관계 형성을 위해 노력했다.

✝ 두 번째 만남

머칠 뒤 오후 필자와 아내는 다시 김치가게를 찾았다. 가게에는 아주머니 외에는 아무도 없었다. 아주머니는 손님이 없어서인지 선풍기를 틀어놓고 휴대폰만 뚫어지게 바라보고 있었다.

- 전도자: 안녕하세요. 잘 계셨어요? 반갑습니다. 오늘은 장사 어떠신가요?
- 피전도자: 요즘도 장사 잘 안돼요. 오늘 아침부터 지금까지 딱 두 사람 왔다 갔어요. 이러다가 가게 문 닫을 것 같아요. 또 빚만 지고 ….
- 전도자: 아, 그러세요. 마음이 걱정되고 힘드시겠네요(**공감 반영**).
- 피전도자: 네 ….
- 아내: 그래도 힘내세요. 잘될 때도 있겠지요. 고향은 어디세요?
- 피전도자: 진도 조도에요. 조도에서 태어나 자라서 결혼하고 남편 따라 진도로 나왔어요.
- 아내: 저도 고향이 진도 조도에요. 진도 모도. 고향 분을 만나 뵙게 되어 반가워요. 너무 반가워요(**동질감 형성**).
- 피전도자: 저도 반가워요.
- 전도자: 남편은 무슨 일 하세요?
- 피전도자: 남편은 퇴직하고 별일 하지 않고 있어요.
- 전도자: 네, 그러시군요. 남편은 어디 계세요?

- 피전도자: 원룸 아니면 이 주위 어딘가에 계실 거예요.
- 아내: 그러면 집이 원룸인가 보네요?
- 피전도자: 네. 아파트 입구에 있어요.
- 전도자: 네. 그러시군요. 그런데 언제 목포에 나오셨어요?
- 피전도자: 남편이 2년 전에 퇴직하고 무안 남악으로 이사 와서 식당을 했어요.
- 전도자: 아 그러셨군요. 남악은 신도시라 장사는 잘되었겠네요?
- 피전도자: 그렇지만은 않았어요. 식당 하다 빚만 졌어요. 인건비가 너무 비싸서 망했어요.
- 전도자: 네. 그러셨군요. 마음이 많이 상하셨겠네요(**감정 반영**).
- 피전도자: 예 ….

아주머니는 자기의 힘든 삶을 조금씩 털어놓기 시작했다.

- 피전도자: 제가 2년 전에 남편의 퇴직금으로 남악에 있는 새 아파트 한 채를 샀어요. 얼마 안 있어 아파트 가격이 꽤 올랐어요. 그래서 그 아파트를 팔고 남은 이익금에다 은행에서 빚을 얻어 남악에 있는 5억 원 상당의 주상복합 상가를 분양받았어요. 그런데 지금 팔려고 부동산에 내놓았는데 찾는 사람이 아무도 없어요.
- 전도자: 왜 팔려고 하세요?

- 피전도자: 제가 사채를 좀 썼거든요. 이자를 갚지 못하니까 저에게 빚을 준 사람들이 날마다 전화해서 빚 독촉을 해요. 그래서 상가를 팔아서 빚을 갚으려고 하는데 사겠다는 사람이 없어요. 너무 힘들어요. 죽겠어요. 장사는 안되고 ….
- 전도자: 아, 그러세요. 이해가 되네요(**이해**). 그런데 빚은 얼마나 되세요?
- 피전도자: 1억 5천쯤요.
- 전도자: 남편은 이 사실을 다 알고 계셔요?
- 피전도자: 네. 다는 모르고 5천만 원 정도로만 알고 있어요. 사채가 1억 5천만 원이라고 하면 전 맞아 죽어요. 집에서 쫓겨날지도 몰라요.
- 전도자: 그러면 혼자 이 사채를 갚고 계신가요?
- 피전도자: 네 ….

아주머니는 한동안 말이 없었다. 그리고 얼굴이 점점 어두워지더니 눈가에 이슬 같은 눈물이 맺히기 시작했다. 아내는 전도 가방에서 물티슈를 꺼내 아주머니의 눈물을 닦아 주었다(**감정 반영**).

- 피전도자: 제가 괜한 이야기를 했나 보네요. 죄송해요.
- 아내: 아니에요, 괜찮아요. 오죽하면 이 힘든 사연을 우리에게 말씀하시겠어요? 혼자 감당하는 것이 너무 힘들어서 자신도 모르게 이야기를 한 것이겠지요.

- 전도자: 상가는 언젠가 새 주인이 나타나면 팔릴 수 있겠지요.
- 피전도자: 그랬으면 정말 좋겠어요. 노점이나 할까 해요. 장사가 안돼서 ….
- 전도자: 어디에서 하려구요?
- 피전도자: 사람들이 많이 다니는 아파트 입구나 농협 옆에서요.
- 전도자: 장사가 안되면 그 방법도 좋겠네요.
- 피전도자: 시간 있으시면 저의 남편 좀 만나 주세요. 저 때문에 너무 힘들어해요.
- 전도자: 네 그렇군요. 남편은 어디 계세요?
- 피전도자: 조금 전에 차 안에 있었어요.

아주머니의 남편은 차 안에 안 계셨다. 아마도 다른 일로 자리를 비운 모양이었다.

- 전도자: 너무 걱정하지 마세요. 다음에 제가 꼭 만나 뵐게요.
- 아내: 그럼 오늘은 이만 돌아가야 하겠네요. 마음 편히 가지세요. 손님이 많이 오기를 바랄게요.

아내는 아주머니를 향해 가볍게 미소를 지어 보였다. 필자와 아내는 인사를 건네고 김치가게를 나오며 말했다.

- 전도자: 아주머니 다 잘될 거예요. 힘내시고 장사 잘하세요. 그럼, 다음에 또 뵐게요.
- 피전도자: 감사합니다.

두 번째 만남에서 아주머니의 주호소 문제가 무엇인지 알게 되었다. 아주머니의 주호소 문제는 사채를 제때 갚지 못해 생긴 두려움과 불안이었다. 아주머니는 사채를 혼자 갚느라 매우 힘들어했다. 아주머니는 자기가 저지른 일로 남편까지 힘들어한다고 생각했다. 그래서 자주 남편을 만나 줄 것을 요청하였다. 필자와 아내는 교회로 돌아와 아주머니를 위해 간절히 기도했다. 하나님께서 꼭 도와달라고 ….

† 세 번째 만남

사흘 후 필자와 아내는 다시 김치가게를 찾았다. 김치가게는 문이 닫혀있었다. 그때 문득 전에 한 말이 뇌리를 스쳐갔다. '혹시 노점?' 우리 부부는 급히 발길을 돌렸다. 우선 가게와 가까운 아파트 밀집 지역으로 갔다. 아니나 다를까 아파트 옆 공원 진입로에서 아주머니가 진열대 위에 김치를 가득 진열해 놓고 장사하고 있었다.

- 전도자: 아주머니 안녕하세요.
- 피전도자: 어떻게 알고 여기까지 찾아오셨어요?

• 전도자: 제가 이 지역을 쫙 끼고 있지 않습니까? 이것쯤이야 ….

아주머니는 빙그레 웃으며 반갑게 맞이해 주었다. 아주머니는 가게에서 뵌 것보다 훨씬 편안한 모습이었다.

• 전도자: 노점에서 장사는 어떠신가요?

• 피전도자: 가게보단 더 나아요.

• 아내: 아, 잘됐네요. 언제부터 노점 하셨어요?

• 피전도자: 오늘이 3일째에요.

• 아내: 자요, 이 건빵 받으세요. 출출하실 때 드세요.

• 피전도자: 감사합니다.

• 전도자: 함께 오셨을 텐데, 남편은 어디 계셔요?

• 피전도자: 차 안에 계시기도 하고 이 주위를 돌아다니기도 해요.

• 상담자: 지금 차 안에 계신가요?

• 피전도자: 잘 모르겠어요. 아마도 ….

필자는 노상에 저만치 떨어져 있는 트럭으로 향했다. 그런데 차 안에는 아무도 없었다.

• 아내: 여름이라 날씨가 매우 무덥지요?

• 피전도자: 네, 무덥긴 하지만 먹고 살려면 더위가 무슨 소용 있어요?

• 아내: 참 고생하시네요.

- 피전도자: 아니요. 괜찮아요. 장사만 잘되면요.

바로 그때 손님 한 분이 오셨다. 손님은 김치와 여러 반찬을 사 갔다. 또 다른 손님들이 다가왔다. 아내는 "진도에서 막 담아온 김치 사세요. 맛있는 젓갈도 있어요. 맛보는 것은 공짜예요"라고 외치며 손님을 불러들였다.

- 피전도자: 사모님 김치 장사 잘하시네요.
- 아내: 저요? 저도 잘해요. 저에게 맡겨 주세요.

아내는 아주머니의 말에 맞장구를 쳤다. 갑자기 많은 손님이 몰려와 김치와 젓갈, 마른반찬을 사 갔다.

- 피전도자: 목사님과 사모님이 오시니까 장사가 너무 잘 된 것 같아요.
- 아내: 그렇지요? 장사가 잘되니까 저도 기분이 좋네요. 그런데 점심 식사는 하셨어요?
- 피전도자: 조금 있다가 근처 마트에서 빵과 우유로 대신하면 돼요.
- 아내: 오늘은 제가 교회에 가서 밥 가져올게요. 반찬도 다 준비돼 있겠다 밥만 있으면 되겠네요.
- 피전도자: 괜찮아요. 빵과 우유만 있으면 되는데 ….

아내는 약 200미터 떨어져 있는 교회에 가서 밥을 가져왔다. 그리고 준비해 온 일회용 그릇에다 밥을 담고 진열대 빈 곳에 밥상을 차렸다. 식사가 거의 끝나갈 무렵 아주머니는 갑자기 빚 이야기를 꺼냈다. 요즈음 계속 계주에게 빚 독촉을 받고 있다는 것이었다.

- 전도자: 아주머니, 그러면 현재 남은 빚은 얼마세요?
- 피전도자: 사실은 진 빚을 다 합하면 3억 5천쯤 되요.
- 전도자: 3억 5천이요? 전에 1억 5천이라고 하지 않으셨어요?
- 피전도자: 다섯 명이 계를 들었는데 장사가 잘 안돼서 미리 곗돈을 탔었어요. 그래서 이 곗돈을 갚으려고 계주 언니에게 돈을 빌려 넣다 보니까 1억 5천까지 늘어났어요. 2억 원은 상가 분양을 받기 위해 은행에서 대출받은 거예요.
- 전도자: 네 그렇군요. 은행 빚은 큰 문제가 아닌데 사채가 문제네요.
- 피전도자: 예, 맞아요. 그게 문제에요. 빚 독촉이 너무 심해요. 그것 때문에 미치겠어요.
- 전도자: 그러시겠네요. 사채를 쓰면 이게 힘들다니까요? 곗돈을 타서 어디에 쓰셨는지 말씀해 주실 수 있을까요?
- 피전도자: 아파트 두 채 분양받을 때 썼어요. 남편 몰래 … 그런데 아파트 가격이 폭락한 바람에 아파트 두 채 다 손해 보고 팔았어요. 그래서 빚만 지고 말았어요.
- 전도자: 남편이 빚지고 판 것 다 알고 계신가요?
- 피전도자: 아니요. 이건 전혀 몰라요.

- 전도자: 그러시군요.
- 피전도자: 아파트만 사지 않았어도 이런 일이 없었을 텐데 ….
- 아내: 사람이 살다 보면 이런 일, 저런 일 있을 수도 있지 않겠어요? 마음은 힘들고 낙심되지만, 언젠가는 빚을 다 갚을 때가 오겠지요. 힘내세요. 이럴 때 마음을 더 굳게 먹어야 하는 일도 잘되지 않겠어요?
- 전도자: 남편과 이 일을 함께 의논하고 함께 해결해 나가야지요. 부부인데 ….
- 피전도자: 제가 다 벌인 일인데 어떻게 남편에게 부탁하겠어요? 제가 다 해결해야지요.

아주머니는 한참 동안 말이 없었다. 그때 필자와 아내는 아주머니에게 아무 말도 걸지 않았다. 나는 마음속으로 기도했다.
'하나님, 아주머니를 도와주세요. 하나님, 아주머니의 고통을 아시잖아요. 불쌍히 여겨주세요'(**기도**).

세 번째 만남에서는 아주머니가 빚 때문에 힘들어하였고 그의 마음속에 불안과 두려움이 격렬하게 흐르고 있는 것을 발견했다.

† 네 번째 만남

무더운 여름 날씨는 계속되었다. 필자는 아내와 함께 전도 용품을 준비하여 교회 주변 상가에 전도하러 나갔다. 여러 상가를 드나들며 전도를 하다 노상에서 김치 장사를 하고 있는 아주머니를 찾아갔다. 아주머니는 노상 옆에 앉아 부채질을 하면서 우리를 반갑게 맞이해 주었다.

- 전도자: 오늘은 너무 덥네요. 이 무더위에 장사하시느라 너무 고생하시네요.
- 아내: 아주머니, 남편이 직접 담근 매실 음료 가져왔어요. 얼음을 넣었으니 시원할 거예요. 자, 드세요.

아내는 준비해 온 일회용 컵에다 매실 음료를 가득 채워 드렸다.

- 피전도자: 아, 정말 시원하네요. 맛 좋네요.
- 전도자: 한 잔 더 드실래요?
- 피전도자: 예, 목사님이 만드셨다구요?
- 아내: 그래요. 목사님이 만드셨어요. 맛 좋지요? 올여름 걱정하지 마세요. 제가 매일 시원한 매실 음료 갖다 드릴께요.
- 피전도자: 감사합니다. 저는 드릴 것이 없는데 … 두 분 참 좋으신 분 같네요.

- 전도자: 별말씀을요.

그때 한 젊은 여인이 노상 옆을 지나가고 있었다.

- 아내: 김치 사세요! 진도에서 이제 막 담아온 김치 사세요! 젓갈도 있어요. 갈치젓갈, 오징어젓갈도 있어요. 오셔서 맛 좀 보고 가세요!
- 손님: 이 배추김치 어떻게 팔아요?
- 피전도자: 예, 기본이 오천 원입니다. 배추김치도 있고, 알타리 김치도 있고, 젓갈도 있고, 마른오징어 반찬 모두 다요.
- 손님: 그래요? 배추김치하고 오징어 마른반찬 만 원어치 주세요.
- 피전도자: 감사합니다. 다음에 또 오세요.

이후에도 여러 사람이 김치를 사 갔다.

- 피전도자: 사모님, 김치 장사 정말 잘하시네요.
- 아내: ('호호' 하고 웃으며) 제가 젊고 이쁘니까 그런가 보죠.
- 전도자: 아주머니, 아주머니가 웃으시니까 너무 예뻐 보이네요. 항상 웃으세요(**직면**).
- 피전도자: 저도 항상 웃고 살았으면 좋겠어요. 하지만 내일을 생각하면 웃음이 나오질 않아요. 내일 계주 언니가 빚 받으러 온다고 했거든요.

- 전도자: 계주 언니요?
- 피전도자: 네. 내일 오후 다섯 시에 이곳으로 찾아온다고 했어요. 어떻게 해야 할지 모르겠어요. 가지고 있는 돈이 몇만 원밖에 없어요. 내일 계주 언니가 와서 밀린 이자라도 다 내놓으라고 노발대발할 거예요. 안 그러면 죽인다고 할 거예요.
- 전도자: 밀린 이자가 얼마에요?
- 피전도자: 약 5백만 원 돼요. 지금 형편으로는 50만 원도 갚기 어려워요.
- 전도자: 남편에게 야단맞을 것 생각하고 이 모든 일을 말하면 안 되나요? 남편에게 도움을 요청하면 안 되나요?
- 피전도자: 안 되요. 절대 안 되요. 남편도 돈 없어요. 남편이 나 때문에 얼마나 피해를 많이 봤는데요. 나 혼자면 족해요.
- 전도자: 내일 일은 걱정 마세요. 계주 언니가 올 때 우리가 아주머니 곁에 있을게요. 빚쟁이들이 오면 빨리 전화하세요(휴대폰 번호를 가르쳐 주었다).
- 피전도자: 두 분, 말씀이라도 고마워요.
- 전도자: 아니에요, 우리가 도와드릴게요. 옆에 있어 줄게요. 염려마세요(**지지**).

필자와 아내는 아주머니의 지지자가 되어주겠다고 약속했다. 그리고 교회로 돌아온 후 아주머니를 위해 기도했다. 마음의 짐과 두려움, 염려 등을 하나님께 다 맡기고 빚으로부터 자유함을 얻게 해

달라고 기도했다. 또한 내일 빚쟁이들로부터 어떤 위험한 일도 당하지 않도록 지켜 달라고 기도했다.

네 번째 만남에서는 아주머니의 말과 감정을 보다 자세하게 관찰하고 탐색하는 데 역점을 두었다. 아내와 나는 아주머니의 말을 계속 반복해서 수용하며 공감해 주었다. 그리고 아주머니에게 심리적 지지자가 되어 주었다.

† 다섯 번째 만남

매일 무더운 날씨가 계속 기승을 부리고 있었다. 정오 무렵 아내는 아주머니가 장사하는 노상으로 갔다. 냉면을 준비해 갔다.

- 아내: 안녕하세요. 별일 없으셨지요? 식사는 하셨어요?
- 피전도자: 아니요. 아직 …
- 아내: 그러실 줄 알고 냉면을 끓여 왔습니다.
- 피전도자: 목사님, 사모님 이렇게까지 하실 필요 없는데 …
- 전도자: 어제 계주 언니가 빚 받으러 오셨던가요?
- 피전도자: 예, 왔어요. 매월 이자 안 준다고 나의 머리채를 잡고 밀치며 땅에 내리치곤 했어요.
- 전도자: 아, 어떻게 그럴 수가 … 저에게 빨리 전화하시지 왜 안 하셨어요.

- 피전도자: 그들이 제 휴대폰을 빼앗아 버리는 바람에 전화할 수가 없었어요.
- 전도자: 그러면 이곳에서 그런 일을 당하셨어요?"
- 피전도자: 예 …

아주머니는 말을 잇지 못하고 조용히 흐르는 눈물을 훔쳤다. 아내는 아주머니의 등을 토닥토닥해 주었다(**감정 반응**). 나는 할 말을 잃어버렸다. '얼마나 창피하고 부끄러웠을까!' 수많은 사람이 이곳을 왔다 갔다 하는데 … 나는 다시 아주머니 얼굴을 쳐다보았다. 아주머니 표정은 부끄러움, 두려움 그리고 억울함이 교차하고 있었다.

- 전도자: 힘드셨지요. 그 순간을 어떻게 견뎌내셨어요? (**감정 공감**)
- 피전도자: 그 순간 아무것도 보이질 않았어요.
- 전도자: 어디 다친 곳은 없으세요?
- 피전도자: 목도 아프고, 머리도 좀 아파요.
- 전도자: 오늘은 병원도 가고 쉬기도 하시지요. 저랑 같이 병원 갈까요?
- 피전도자: 아니요. 견딜 만 해요(아주머니는 자기감정을 애써 숨기려했다).
- 전도자: 힘드시면 언제든지 저게 말씀하세요. 자 점심 드시게요.

아내는 김치 진열대 위에 냉면 상을 차렸다.

- 피전도자: 저 다시 일어설 수 있겠지요?
- 전도자: 그럼요. 얼마든지 다시 일어설 수 있어요. 지금 잘하고 계시 잖아요. 빚 다 갚을 수 있어요. 포기하지 마시고 힘내세요 (감정 지지).

아주머니는 내 격려의 말에 힘을 얻고 위로를 받은 듯하였다.

† 여섯 번째 만남-초청

토요일 오전 필자와 아내는 전도 용품을 챙겨 교회 주변 상가와 아파트 전도를 하러 갔다. 먼저 김치 가게를 들렀다. 아주머니는 바쁜 중에서도 우리 부부를 보더니 반갑게 맞이해 주었다. 필자와 아내는 김치 가게에 들어서자마자 바로 식탁 의자에 앉아 기도했다. 그동안 아주머니는 커피를 만들어 대접해 주셨다. 오늘은 아주머니의 얼굴이 매우 평안해 보였다.

- 전도자: 오늘은 얼굴이 매우 평안해 보이시네요. 무슨 좋은 일이 있으세요?
- 피전도자: 어젯밤에 목사님, 사모님 생각 많이 했어요. 그리고 남편에게 말했어요. 너무 좋으신 목사님과 사모님 만났다고요.
- 전도자: 별말씀을 다 하시네요. 저희가 해 드린 것 뭐가 있다고 …

- 피전도자: 그래서 제가 오늘 김치를 만들면 제일 먼저 목사님과 교회에 드리려고 해요.
- 전도자: 아니에요, 괜찮아요. 김치 있어요.
- 피전도자: 거절하시면 안 돼요. 그러면 제가 너무 미안해요.
- 전도자: 그럼, 조금만 주세요.

아주머니는 김치를 만들어 정성스럽게 포장해서 주셨다.

- 아내: 감사합니다. 잘 먹을게요. 오늘처럼 아주머니가 항상 편안한 마음을 가지고 살았으면 좋겠어요.
- 피전도자: 저도 그랬으면 좋겠어요.
- 전도자: 얼마든지 그럴 수 있지요. 우리에게 항상 안 좋은 일만 있겠어요? 좋은 일도 있지요. 힘든 일이 있어도 평안할 수 있는 것은 우리가 어떻게 마음을 먹느냐에 따라 달라지겠지요. 6.25 전쟁이 한창일 때 영암 구림마을에 북한군이 쳐들어왔어요. 그들이 구림교회 성도들을 잡아다가 마을 어느 오두막에 가두어 놓고 불을 질렀지요. 그때 성도들은 한 사람도 도망가려 하지 않고 오히려 순교 당하는 것을 기뻐하면서 찬송가를 부르며 타 죽어갔다는 이야기가 내려오고 있어요. 그들이 고통 앞에서 죽음 앞에서 작렬하게 죽을 수 있었던 것은 그들의 믿음 때문이었습니다. 주님을 위해 죽는 것이 이 세상에서 가장 값지고 영광스러운 삶이라고 생각했기 때문이지

요. 아주머니와 수차례 만나 함께 시간을 보내고 삶을 나누었던 것은 하나님께서 아주머니를 너무너무 사랑하신 것이 아니었나 생각해요. 아주머니 저도 아주머니처럼 힘든 일을 많이 겪고 왔고 현재도 겪고 있어요. 하지만, 제가 항상 기쁠 수 있는 것은 항상 하나님께서 나와 함께하신다는 믿음 때문이에요. 아주머니, 빚 때문에 마음이 힘들잖아요. 고통스럽잖아요. 그런데 하나님을 믿으면 힘든 일도 다 견딜 수 있어요. 하나님께서 매 순간마다 어려운 일을 이겨낼 수 있도록 이길 힘을 주시기 때문이지요. 예수님이 이를 위해 이 세상에 오셨고, 십자가에 죽으셨어요. 하나님은 아주머니의 모든 생각을 알고 아주머니가 예수님을 믿고 모든 고통에서 해방되기를 원하실 거예요. 하나님은 사랑이시니까요. 아주머니, 우리 하나님을 믿고 힘들고 고통스러운 날을 기쁨으로 살게요.

필자는 성령님을 의지해서 아주머니에게 복음을 증거했다. 그때 아주머니는 또 한 번 눈가에 눈물 맺혔다.

- 피전도자: 사모님, 이제 사모님네 교회 나갈게요.
- 전도자: 네! 감사해요. 정말 잘 생각하셨어요. 하나님을 잘 섬기고 예배 생활 잘하면 하나님이 아주머니의 소원을 다 들어주실 거예요. 우리 함께 하나님을 잘 믿고 복 받는 삶 살세요.

여섯 번째 만남에서 필자는 아주머니에게 복음을 전하는 데 초점을 맞추었다. 복음을 제시하는 단계에서 확인해야 할 사항은 라포형성이 잘되었는지, 공감 반영이 충분했는지, 자기를 충분히 탐색하고 수용했는지를 확인해야 한다.

또한, 복음을 제시하기 전에 피전도자의 정서적 문제와 복음 사이를 연결하는 연결 고리 역할을 하는 예화를 사용하는 것이 좋다. 필자는 복음을 제시하기에 앞서 먼저 영암구림교회 성도들의 순교 이야기를 전했다. 그리고 난 후 복음을 제시했다. 아주머니는 자연스럽게 복음을 받아들였고 교회에 나오겠다고 약속했다.

이후 아주머니는 약속대로 교회에 출석하였으며, 교회에 출석한 이후 특별한 일을 제외하고는 한 번도 결석하지 않고 신앙생활을 잘하고 있다.

나가는 말

> … 하늘과 땅의 모든 권세를 너희에게 주셨으니 그러므로 너희는 가서 모든 민족을 제자로 삼아 아버지와 아들과 성령의 이름으로 세례를 베풀고 내가 너희에게 분부한 모든 것을 가르쳐 지키게 하라 …(마 28:18-20).

전도는 '영혼 구원 사역'입니다.

> 오직 성령이 너희에게 임하시면 너희가 권능을 받고 예루살렘과 온 유대와 사마리아와 땅 끝까지 이르러 내 증인이 되리라 …(행 1:8).

전도는 '예수님의 명령'입니다.
 믿는 자는 예수님의 지상 명령을 지켜 영혼 구원 사역에 전념해야 합니다. 이 일은 우리 믿는 자가 반드시 지켜야 할 사명입니다. 해도 되고 안 해도 되는 그런 일이 아닙니다.

그러나 예수님의 증인으로서 복음을 전하는 일은 그리 쉽지만은 않습니다. 특히, 오늘날 전도는 매우 어렵습니다.

왜 전도가 어려운 것일까요?

여기에는 여러 이유가 있지만, 필자는 전도 방법에 문제가 있다고 생각합니다. 이제는 피전도자 마음의 소리를 듣지 않고 전도하는 방법은 현대의 전도 방법이 아닙니다.

오늘날 현대인은 불안과 두려움, 고통의 나날을 보내며 신음하고 있습니다. 단지 우리가 그들의 신음소리를 듣지 못할 뿐입니다. 우리는 신음하는 피전도자의 마음의 소리를 듣고 그들의 마음을 안아주고, 치료해 줄 때 진실로 그들을 예수님께로 인도할 수 있을 것입니다.

참고 문헌

노안영. 『상담심리학의 이론과 실제』. 서울: 학지사, 2018.

류시화. 『새는 날아가면서 뒤돌아보지 않는다』. 서울: 더숲, 1917.

이경순, 이미경, 김경희, 공저. 『인간관계와 의사소통』. 서울: 헌문사, 2012.

천성문, 안세지, 최지이, 윤정훈, 배문경. 『초심 상담자를 위한 상담면접의 실제』. 서울: 학지사, 2022.

천성문, 차명정, 이형미, 류은영, 정은미, 김세경, 이명순 공저. 『청소년 발달과 상담』. 서울: 학지사, 2017.

게리 콜린스. 『효과적인 상담』. 정동섭 옮김. 서울: 두란노, 1984.

그린버그. 『정서중심치료』. 김현진 옮김. 서울: 교육과학사, 2021.

데니스 그린버거, 크리스틴 페데스키. 『기분다스리기』. 권정혜 옮김. 서울: 학지사, 2020.

레온 조셉 사울. 『아동기 감정 양식』. 이근후, 박영숙, 문홍세 옮김. 서울: 하나의학사 2005.

미리암 그린스팬. 『감정공부』. 이종복 옮김. 서울: 웅진씽크빅, 2010.

A. W. 토저. 『하나님을 추구함』. 이영희 옮김. 서울: 생명의말씀사, 2012.

_____. 『하나님을 바로 알자』. 전의우 옮김. 서울: 생명의말씀사, 2012.

제임스 W. 칼라트, 미셸 N. 시오타. 『정서심리학』. 민경환, 이옥경, 김지현, 김민희, 김수안 옮김. 서울: 시그마프레스, 2008.

추천 도서

권석만. 『현대이상심리학』. 서울: 학지사, 2017.

리사 펠드먼. 『감정은 어떻게 만들어지는가?』. 최호영 옮김. 서울: 생각연구소, 2017.

베셀 반 데어 콜크. 『몸은 기억한다』. 제효영 옮김. 서울: 을유문화사, 2018.

조나단 에드워즈. 『신앙과 정서』. 서문강 옮김. 서울: 지평서원, 2013.

CLC 기독교 상담 도서 안내

1. 성경에서 상담보기 상담으로 성경보기
전요섭 지음 | 사륙판 양장 | 343면

2. 효과적인 기독교 상담 기법
전요섭 지음 | 신국판 양장 | 410면

3. 기독교 상담심리학 개론
폴 마이어 지음 | 전요섭 옮김
사륙배판 변형 양장 | 462면

4. 용서와 상담
리로이 아덴, 데이비드 G. 베너 지음
전요섭 옮김 | 신국판 | 328면

5. 죄와 은혜의 기독교상담학
마크 R. 맥민 지음 | 전요섭 옮김
신국판 | 231면

6. 기독교 상담에서 본 악
테리 D. 쿠퍼 지음 | 전요섭 옮김
신국판 | 204면

7. 복음주의 가정상담학
황규명 외 11인 지음 | 신국판 | 336면

8. 영혼 돌봄의 상담학
마크 맥민, 티모디 필립스 지음
전요섭 옮김 | 신국판 | 559면

9. 영혼치료 상담
말틴 밥칸, 디드리 밥간 지음
전요섭 옮김 | 신국판 | 326면

10. 기독교 상담 윤리
랜돌프 샌더스 편집 | 전요섭 외 옮김
신국판 양장 | 688면

11. 목회상담학
김선기 지음 | 신국판 | 320면

12. 존 브래드 쇼의 상담이론 비평
데비 드바르트 지음 | 전병래 옮김
신국판 | 308면

13. 상담 윤리와 법
김화자 지음 | 신국판 | 232면

14. 예수님의 상담
신재덕 지음 | 신국판 | 424면

15. 영성과 상담
최창국 지음 | 신국판 양장 | 616면

16. 공동체 돌봄과 상담
마가렛 짚스 콘펠드 지음 | 정은심
최창국 옮김 | 신국판 양장 | 672면

17. 성령 상담
최병수 지음 | 신국판 | 304면

18. 은혜의 방편을 활용한 기독교상담
전요섭 지음 | 신국판 | 542면

19. 기독교 상담신학
버지니아 토드 호울맨 지음 | 양유성 옮김
신국판 | 344면

20. 7가지 악한 성품과 기독교상담
전요섭 지음 | 신국판 | 308면

21. 구조화 집단상담의 이론과 실제
전요섭 지음 | 크라운판 | 580면

22. 스스로 해결하는 상담 및 심리치료
전요섭 지음 | 신국판 | 312면

23 가족 상처 회복하기
로버트 맥기 외 지음 | 권은혜 외 옮김
사륙배판 | 464면

24. 교회갈등의 성경적 해결방법
알프레드 포이리에 지음 | 이영란 옮김
신국판 | 423면

25. 기독교 상담 사전
팀 클린턴, 론 호킨스 편집
장보철 옮김 | 신국판 양장 | 824면

26. 하나님과 함께하는 상담 이야기
송경화 지음 | 사륙변형 | 216면

27. 기독교 상담과 정서
곽은진 지음 | 신국판 | 228면

28. 효과적인 상담질문기법
전요섭 지음| 신국판 | 200면